JN116640

シネマ・クレール物語

小さな映画館が多くの人に愛されて支えられる理由

この本を出すことになった顛末を序に代えて

あるいは岡山のミニシアターがクラウドファンディングで1000万円以上を集めたお話

応援団のはじまり

2020年5月。コロナ感染者の急激な増加、緊急事態宣言の発令で世の中が緊張感と危機感に包まれていたとき。音楽文化イベントなどを主催してきた森山幸治さん（岡山市議）に「シネマ・クレールが大変だから相談に乗ってあげてくれ」と言われたことがはじまりでした。これまでもこの岡山唯一のミニシアターであるシネマ・クレールの利用客の一人ではありましたが、浜田さんをはじめとしたシネマ・クレールの皆さんに面と向かってお話をするのは初めてのこと。お会いしての第一印象は言葉少なに語る。少し不器用さを感じる雰囲気の人という感じでした。当時はこの事態の深刻さからだと思っていましたが、後にそれはお人柄でもあるんだとわかってきました。

緊急事態宣言での営業自粛、そこから復帰をしたものの「3密」になりやすい映画館から客足は大きく遠ざかり、シネマ・クレールだけでなく全国の映画館が危機を迎えていました。県内でも映画館だけでなく、ライブハウスや飲食店も倒産の危機に立たされ、クラウドファンディングにより常連客さんに支えてもらうための資金調達を行う店舗も増えていました。「倒産を回避するためには、できれば、1000万円集めたい」それが最初の相談で伺った要望でした。この切実な希望に応えるためにどうしたらよいか。あれこれと考えた結果、このシネマ・クレールの直面する危機はこの映画館を愛するみんなの危機であることを体現するために「応援団をつくろう」ということになりました。まちの文化に想いがある人に声をかけようということで、安田久美子さん（公益財団法人 岡山文化芸術創造）、内田真一さん（公益財団法人 福武財団）、山川隆之さん（吉備人出版）にお声掛けをして、あらためてシネマ・クレールに集まり、その3人に石原（岡山NPOセンター）を加えた4人で「シネマ・クレール応援団」を結成しました。（みなさん個人としてボランティアで関わってくださることとなりました）

応援団ですべきことは、どうやってこの危機を支えて乗り越えるかを話し合い行動すること。その中で提案をさせていただいたのが「クレールの思い出を集める」ということです。「シネマ・クレールの直面する危機がこの映画館を愛するみんなの危機であること」を実感するためにも、インターネット上で一人ひとりのシネマ・クレールの思い出を集めることでこの映画館がこのまちにとってかけがえのない存在なのだということを確かめ合い、そして応援団の輪を広げていこうという話になりました。

「思い出」を集める

そうと決まればさっそくということで、その足でシネマ・クレールの写真を撮り、その夜からウェブサイト作成に取り組みました。そこには僕らの想い、趣旨となる文章を載せるべきだということで、山川さんに文章を書いていただき、僕も加筆をさせてもらって、以下を応援団の趣旨として掲載しました。

ミニシアターのある街が好きだ。
(例えば、僕らのまちからシネマ・クレールがなくなったとしたら)

新型コロナウイルスの影響で家に籠もって、あらためてわかったことがあります。
それは、人間、食べて息をしていれば「生きてる」わけではない、ということ。

外に出て、風を肌で感じ、初夏の緑を見てきれいだねと語り合う。自然や人とふれあい、時にスポーツで汗を流し、そして、音楽を聴き、絵画など文化に触れる。こうした当たり前の日常にあったことが、生きていくために欠かすことのできないとても大切なことなんだと。

公園も、音楽ホールも、美術館も、僕らが生きていくのに欠かせない。

そして、ミニシアターも。

映画はカーチェイスや派手な爆発が売り物の娯楽作品だけじゃない（それも必要だけど）。ミニシアターでかかる世界各国の作品は、社会の現実を教えてくれる。矛盾に目を向けさせ、人間の奥底をみつめる機会を与えてくれる。人の生き方の数だけ文化があるとするならば、ミニシアターのあるまちは、それだけで文化的に豊かなまちだ。

僕らのミニシアター「シネマ・クレール」が、１９９４年北区石関町に誕生して、25年が過ぎた。

２００１年にシネマ・クレール丸の内が誕生して20年になろうとしている。小さな暗闇の世界を創るコンクリート打ちっぱなしの映画館は、近隣のシンフォニーホールや美術館などとともに、まちの風景に溶け込んでいる。

僕らにとって当たり前にそこにあるミニシアターは、実は全国どこでもあるわけじゃない。その多くは、映画に魅せられたオーナーがそれぞれ独立して主宰している小規模の経営母体で、市民に支えられながら維持している状態だという。

例えば、僕らのまちからシネマ・クレールがなくなったとしたら。

僕らはそのときはじめて、ミニシアターがない日常の、その意味を知るのかもしれない。風景に溶け込んでいた、その存在に気付くのかもしれない。

これからも変わらず、美しい緑に囲まれた公園や心癒やしてくれる大小の河川、そして美術館や音楽ホール、図書館と同じように、私たちのまちにはミニシアターがあってほしい。この日常の光景がこれから先も続いてほしい。

僕たちは、新型コロナウイルスの影響で、いま、消えかかっている僕らのまちのミニシアターの灯を、この場所が、この風景が、そして映画が好きだというすべての人とともに、守り、灯し続ける力になりたいと立ち上がりました。

あなたも一緒に、このまちを、この日常を守るために力を貸してください。

シネマ・クレール応援団

このウェブサイトはみんなのシネマ・クレールへの想い、それぞれの心配していた気持ちの共感を呼び、ＳＮＳなどでどんどんとシェアをしていただきました。結果、あっという間にサイトへのFacebook「いいね！」数は４０００を超え、１３６の「思い出」が寄せられました。

サイトに寄せられた一人ひとりの思い出はどれも味わい深く、それぞれの人生の中で息づいていることを感じるものでした。多かったのは「今のパートナーと結婚する前に観た」というもの。初デートの場所だったという思い出も多くありました。また「子どもと初めて一緒に観た映画」なども多く、家族にまつわるものが多くあるのが印象的でした。また一方で、「岡山の土地にはじめてやってきて孤独な気持ちの隙間を埋めてくれた」というような寂しかった時期の灯りとなるような場所だったという思い出も多くありました。それぞれの人生にシネマ・クレールがあった。そして、これからもあり続けてほしい、その気持ちがサイトの目に見えない部分で高まっていくのを感じました。（それぞれの思い出はこの本の中で紹介されていますので、ぜひ、ご自身の思い出を思い返しながら読んでみてください。）

返礼品をつくる・選ぶ

集まった思い出と共に応援団に加わると表明くださる方も増え、１０３名になりました。僕らが思い出集めを行っている間、シネマ・クレールでは中川さんを中心にクラウドファンディングの準備を進められ、サイトの作成、返礼品の選別などをされていました。応援団でも相談に乗らせていただくと共にいくつかの返礼品を提案させていただきました。

その一つがオリジナルＴシャツ。クラウドファンディングの返礼品として選びやすくて、また着る人が増えることで多くの人に知ってもらえる。ぜひ作ろうという話になりましたが、0から制作をするとなると、なかなか大変。その時に、僕らの動きを知った任意団体「Beyond 18プロジェクト」の黒住宗芳さん（黒住教青年連盟長）、越智輝佳さん（iori products）に声掛けをいただきました。Beyond 18プロジェクトは、感染を予防する方法としての新しい生活様式「フィジカル・ディスタンシング」の啓発と、「Save our scene（街の景色を残すこと）」を目的に立ち上げられた組織で、僕ら応援団の「シネマ・クレールのあるまちを残したい」という趣旨に共感してくれ、彼らが企画するメッセージTシャツ（倉敷出身のイラストレーターの金安亮さんがデザイン）にシネマ・クレールのロゴを入れて返礼品として提供してくれることになりました。また、Beyond 18プロジェクト自体が販売されるTシャツの売上からも寄付をしてくださることになりました。

そして、もう一つが重要なこの書籍。山川さんが編集を担ってくださることとなり、先にご紹介したみなさんの大切な思い出と多くの方からの応援メッセージ、そして、浜田館長へのインタビューによるシネマ・クレールの歴史、多くのボランティアの方と共に膨大な手書きの記録などから書き起こした開館からの上映作品リストも掲載することになりました。僕自身、今この原稿を書きながらこの本が読めることをとても楽しみにしています。応援団の趣旨を体現するような僕らのまちのミニシアターの価値をあらためて実感できる一冊になっています。

その他、昔使われていた映画のフィルム缶やシネマ・クレールのシアターを貸し切りにできる権利などを含めて返礼品が出揃い、クラウドファンディングのウェブサイトが完成しました。

目指せ！１０００万円

こうしてクラウドファンディングの準備が整い、ついに6月5日から募集を開始することが決まりました。開始するにあたってはぜひ決起集会をしようということで、急遽、前日の6月4日に応援団と、応援団の呼びかけで「思い出」をお送りくださった方、マスメディアの方にご案内をして集まりを持つことになりました。時間は相談した結果、夜の上映が終わる頃ということで、21時30分から。夜ということもあり、また新型コロナウイルスの感染防止も気をつけてやろうということでオンラインでの参加（動画配信）もあわせて行うことにしました。

夜21時。直前までやっていた仕事の会議終わりでスタッフを付き合わせてパソコンやマイクなどの配信機材をもってシネマ・クレールに行くと応援団の皆さんが来てくださっていました。そこから何人お越しになるかとお待ちをしているとぽつぽつと増えて15人。皆さん、「コロナで来るかどうか迷った」との声で、きっと来たいけれど状況を考えて控えてくださった方もいたんではないかと思います。そうした来られなかった方々とも一緒にスタートを切りたいという想いで、浜田館長のご挨拶、そして僭越ながら僕の方で掛け声をかけさせていただいて、いよいよ、１０００万円を目指した挑戦がスタートしました。

実は6月5日は僕自身の誕生日でもあり、このご縁からも一番を、ということで、帰宅してハイボールを飲みながら0：00になるのを待ち、最初の寄付者になったことを申し添えておきます。

監督、俳優さんからのご支援

今回のクラウドファンディングをスタートする以前から、シネマ・クレールさんと縁の深い、映画監督さんや俳優さんが応援のメッセージを寄せてくださいましたので、クラウドファンディングのサイトと共に応援団のサイトにも掲載させていただきました。（メッセージはこの本にも掲載させていただいています。塚本晋也さん、想田和弘さん、鈴木卓爾さん、片嶋一貴さん、荒井晴彦さん、前野朋哉さん、行定勲さん、本当にありがとうございました。）

その中でも、行定勲監督とはニュースサイト「岡山経済新聞」に取材いただいたことが縁となりました。今回のクラウドファンディングについて取材をいただき、その中で僕がシネマ・クレールで観た思い出の一本として監督の「うつくしいひと」を紹介させていただいたことから、それをご覧になった行定監督所属の映像企画会社「Second Sight」の吉澤貴洋社長がご連絡をくださり、地域のミニシアターを守るためにとメッセージをくださいました。

また、岡山出身でもある俳優の前野朋哉さんは学生の頃からシネマ・クレールを利用されていたとのことでSNSでの発信など多くの場面でご支援をいただきました。

目標を目指して登っていく

クラウドファンディングはスタートからすごいスピードでご支援が進み、6月8日には300万円を達成。11日には400万円、15日には500万円を突破し、スタートからわずか10日間で折り返しとなりました。その間、山陽新聞、KSB、レディオモモ、RSKラジオなど地元のメディアでもご紹介をいただき、応援団としても日々の達成状況をSNSで発信しながら支援を呼びかけていきました。6月22日には700万円。ここから少しだけ伸び悩む時期となりましたがSNSなどでの発信を重ね、月を越えて7月1日には800万円を突破し、残り200万円と登る山の頂上が見えてくる状況となりました。そして約1か月の7月6日には900万円を突破。そこからもじりじりと伸びて、ついに7月10日に目標の1000万円を達成しました。無理だといわれていた目標が叶ったのです（拍手！）。

ちょうどその時には応援メッセージをくださった想田和弘監督と柏木規与子プロデューサーがシネマ・クレールに舞台挨拶にお越しくださっており、応援の動画メッセージをいただきました。また、300万円、800万円、1000万円突破の際にも浜田館長やスタッフの皆さんによる動画によるメッセージを録らせていただいてウェブサイトやＳＮＳで発信させていただきました。シネマ・クレール応援団のウェブサイトに掲載しておりますので、シャイな浜田館長ががんばって話す（だけど短い）動画をぜひ、ご覧ください。

シネマ・クレールらしいフィナーレ

そして迎えたクラウドファンディングの最終日。目標金額も無事に超えた中で、あらためてシネマ・クレールの思い出を振り返りながら話すオンラインイベントをということで、７月20日の夜にシネマ・クレールの浜田館長、中川さん、林さん、応援団のメンバーと、そしてスペシャルゲストということで東京から俳優の前野朋哉さんにもオンラインで参加をいただいて開催をしました。よい意味でゆるやかな（グダグダな）会で、中川さん、林さんの働き始めたきっかけや前野さんとシネマ・クレールとの思い出などまるで打ち上げをそのまま流してしまうような空気感がシネマ・クレールらしい会となりました。１時間ちょっとと長くはありますが、スタッフの林さんと前野さんのある関係（?）のことなどここでしか聴けない話もしておりますので、お時間がある際にぜひ、ご覧ください。

ミニシアターのある街

最終的な支援額は1133万円となり、1087人の方にご支援をいただくことができました。最初の趣旨文に書いた「ミニシアターのある街が好きだ」という方、シネマ・クレールのことを守りたいという方がこれだけいるということを実感することとなりました。また、今回のクラウドファンディングでは上映チケットは返礼品に含まれておらず、自分が観る映画のチケットを先買いした、ということではなく、純粋に「シネマ・クレール」を守りたいという、直接の見返りではないことにお金を出して行動をしてくださる方がこれだけおられるということだと思います。まさしく経済の語源となる「経国済民」的なこのまちの日常を守るための経済が動いたことを感じました。

この原稿を書いている現在も、新型コロナウイルスに感染される方が増えており、今の状況がいつまで続くかはわからない状況です。シネマ・クレールの来客状況も決して良いとは言えない日々が続いています。これからもそれぞれの行動が問われています。そんな中で今回のことが、この本が何かのヒントになるのではないかと思います。

最後に、この本の出版に助成をくださった公益財団法人福武教育文化振興財団様、取り組みを応援下さった多くの方々、特に１０３人の応援団の皆さま、応援メッセージをくださった１２７人と思い出をお送りくださった１３６名の方々、クラウドファンディングに支援をくださった１０８７人の皆さまに心から感謝をいたします。本当にありがとうございました。
これからも一緒に、シネマ・クレールを愛し、支えていきましょう。

シネマ・クレール応援団
雑用係　石原達也

目次

カバーイラストレーション　横幕朝美
装丁・デザイン　守安 涼（吉備人）

第1部

49席から始まった夢の箱

シネマ・クレール　今日まで、そして明日へ

語り手／シネマ・クレール支配人　浜田高夫

聞き手／構成　山川隆之

CINEMA

新型コロナウイルス感染拡大の影響で、ミニシアターと呼ばれる映画館もまた危機的状況になっている。

岡山県内唯一のミニシアターであるシネマ・クレールも、感染拡大が表面化した2020年3月以降入場者数が減少し、国の緊急事態宣言が全国を対象にした4月下旬から連休明けまで休館を余儀なくされ、危機はさらに進行した。

こうしたなか、「岡山のミニシアターを存続させよう」「多様な映画の灯を消さない」と、支援者が立ち上がり、5月下旬にシネマ・クレール応援団が結成された。

シネマ・クレール応援団は、この危機を乗り越える一時的な支援にとどまらず、地域にミニシアターはなぜ必要なのか、ミニシアターがある街の魅力についても考えてみることにした。

本稿は、今回のコロナ禍によるピンチを脱出するための支援をきっかけに企画されたものだが、ミニシアター「シネマ・クレール」の地域社会での存在意義、果たしてきた役割、そして市民一人ひとりにとっての関わりを、今一度問い直す役割を担うものになればと願っている。シネマ・クレールが誕

シネマ・クレールの思い出

高校生の頃初めて行きました。ミニシアターブームだったのかも、英語ではない映画を観るって高校生が背伸びだなと思うかもしれないけど、その観たいを叶えてくれるんですよ。すごい!そして今も変わらず色んな言語の映画が観られるんですよね。映画が趣味になってからは本当にクレールがあって良かったー!他県まで行かなくても観られる!と、決して大きくはないスクリーンで映し出されるこの広い世界の中の小さな暮らしに没入して思うのです。たまーに犬猫スタッフにお会い出来るのもラッキーでうれしい!(Ayo・倉敷市・42)

2008年の『レスラー』主演のミッキーロークが良かった。かつてスターだった中年のプロレスラーが、試合後に心臓発作で倒れ、医師から引退を宣告され、自身の人生を見つめ

生する以前の映像文化交流会から今日に至るまでを、支配人である浜田高夫さんに話を伺いながら一緒に考えてみたい。

映画館「シネマ・クレール」が誕生したのは、1994年（平成6）12月。今から四半世紀以上も前に遡る。館は現在の岡山市北区丸の内ではなく、約200メートル北の北区石関町。つくったのは浜田高夫さん。当時はまだ岡山ガスに勤務するサラリーマン。仕事をしながらの開業だった。

おそらく念入りな計画の基に実現したのだろうと思うのだが、「尋ねられると『たまたまできたんです』と答えており、それは「本当のこと」と浜田さんは笑う。「たまたま」で、映画館などできはしないのでは……。「シネマ・クレール」をオープンさせるまでのことをたどってみた。

直す映画。似たような世代に突入してきた……ような。（H.Y・倉敷市・当時は40代）

大股で、35歩の地に、住んでいました。仕事が終わって、最終上映に、伺いました。愚息が生まれてからは……。アンパンマンを観に行き、家族揃って爆睡した思い出もあります。（KANAZAWA Kyoko・兵庫県姫路市・51）

休日に、お堀から表町へ散歩し、シネマ・クレールの前を通り、ふらっと立ち寄り、面白そうな映画を見つけると嬉しくて、観て帰りました。余計な音がしないシーンとした空間の中で、映画に集中できるとてもいい映画館。特別な日になりました。当初観た映画は『アメリ』。（Kyoko・岡山市北区粟井・46）

「一人だけど、一人ぼっちにならない場所」――。22年間過ごした大阪を

ディズニー映画が好きで

生まれは1949年（昭和24年）12月31日の大晦日、場所は岡山市内の北富、現在でいうと北区学南町です。両親と姉が二人の中で育ちました。最初に映画というものにふれたのは、とよく聞かれますが、それは覚えていないんですよ。最初に観た映画は何かというと、これも覚えていないですね。

昔は、学校からよく連れて行ってもらっていたじゃないですか。そこで『ピノキオ』とか観た記憶はあるし、『安寿と厨子王』などが思い浮かびます。漫画ですが、そういった作品のことは覚えています。また、昔は夏休みの夜、小学校の校庭でよく上映会をしてましたよね。御野小学校でしたが、その情景もよく覚えています。校庭にスクリーンを張って、そういうのを覚えていますね。町内会でも上映していたのを観た記憶もあります。楽しかったですよね。

映画に目覚めたというか、昭和30年代は町には映画館がいっぱいあった（※

離れ、昨年春に新社会人として岡山に来ました。仕事では失敗ばかり。信頼できる友人もいない。せっかくの休みも一人寂しく過ごしていました。そんなとき街を歩いていてシネマ・クレールに出会いました。入ってみると、気になる映画のポスターがずらり。ちょうど映画が終わってドアが開くと、中からいろんな表情の人が一人ずつ出てくる。それぞれの人が映画の内容をかみしめ、それを大人数で共有するわけでなく、一人ずつ胸に秘めているようなそんな感じがしました。「なんて素敵な空間。ここだ」。それから毎月、仕事を頑張ったご褒美として訪れています。シネマ・クレールに入った瞬間から、一人ぼっちではない気がします。映画が始まるまでも、終わった後も、映画を静かに独り占めできます。その満足感と充実感を体いっぱいに補充するため、慣れない土地で日々頑張っています。誰にも教えたくないけど、多くの人に来てほしい。私の寂

1）。映画館に連れて行ってもらうようになって、小学校のときにディズニー映画（※2）を中心に観ていたんですよ、それが大好きで。『罠にかかったパパとママ』とか『百獣の王ライオン』とか『シンデレラ』とか『サーカス小僧』とか。ディズニー映画は、ドキュメンタリーとか動物ものとか、宇宙というかＳＦものやアニメーションなどがあり、どれも楽しかったですね。

高校の時に観た『難破船』も楽しい映画でしたよね。ハラハラドキドキさ

（※1）昭和30年代映画館

「映画年鑑１９６０年（昭和35年）版別冊映画便覧（映画館名簿）」に掲載されている岡山県内１３８の映画館とされている。（鷹取洋二『消えた映画館を探して』吉備人出版）

（※2）ディズニー映画

アメリカの企業ウォルト・ディズニー・カンパニーが制作した映画作品の事である。１９２８年の「蒸気船ウィリー」をはじめとする短編アニメーションで発展してきたが、37年に世界初のカラー長編アニメーションである「白雪姫」を公開し、長編アニメーションの時代が到来した。

（参照）https://dic.nicovideo.jp/a/ディズニー映画

しさを取っ払ってくれた、そんな大切な場所です。（Nanako・岡山市中区・23）

いろんな映画を観ましたが、思い出に残る映画を一つ『サンジャックへの道』。兄、妹、弟、3人それぞれの生き方が、巡礼地の最後に一つとなる。亡き母の遺言と共に……サイドストーリーにも泣かされたが、最後の場面で滂沱の涙。

感動の映画をこれからも上映し続けてください。（Naoko Kawada・岡山市北区）

ここでしか観れない映画を観る場所。『大いなる沈黙へ』はシネマ・クレールさんで観た中でも記憶に残ってます。（pieni..・岡山市北区・48）

初めて友達に連れて行ってもらった時、チケット順に呼ばれて席に着くのが新鮮だった。

せる。そういうディズニー映画で目覚めたというか、映画というのは楽しいなと。

中学に入ってからは、ディズニー的な映画だけではなくて、例えば『ベン・ハー』とか『僕の村は戦場だった』といった作品を観るようになった。『ウエスト・サイド物語』も中学のときかな。中学か高校かちょっとはっきり覚えていませんが、そういうのを観始めて、だんだんと大人の映画を観るようになったという感じです。中学でそういう大人が観るような映画を観始めて、だんだんと映画にはまっていった。

いつも言っていることですが、僕は映画の内容よりも、どちらかと言えば映像そのもののほうに興味がありました。どう言えばいいかな。描き方といえば描き方。語り口と言ってもいいかもしれない。要するに、映画というのは映像で語っていくものなので、その映像の素晴らしさというか、映像に魅力をまず感じるということですよね。

小学生から中学生へ。そのころから映画にしか興味がなかったかといえば、それほどでもないという。中学時代の部活動では園芸部に所属し、土

初めて観た映画は『チョコレートドーナツ』今でもこの映画に出会った事に感謝です。（teresa323・倉敷市・54歳）

映画を観た思い出がたくさんあって数えきれない。（Yoko.T・岡山市中区・57）

私が人生の中で一番ドン底にいた時、救っていただいたのがシネマ・クレールで上映していた映画だった。ミニシアター万歳！（Yujikinyoue・倉敷市・47歳）

故郷を離れ、岡山で独り暮らしを始めた20数年前、会社帰りに、休日に……独身時代よく一人で映画を観に行きました。私にとって、一番居心地の良い場所です。結婚して子育てが忙しくなってからなかなか行けなくなりましたが、これは！という作品のときには自分へのご褒美として観に行っています。（えみっち・玉野

をいじっていたそうだ。高校は県立操山高校へ進学。徐々に観る映画の本数も増え、そのころから観た映画をノートに記録するようになった。少し小ぶりな大学ノートが数冊、そこには日付とタイトル、観た場所がぎっしりと書かれている。

高校時代に観た映画は、大体覚えていますよ。そのころは基本的に洋画しか観ていない。日本映画はほとんど観ていないんですよ。

１９６０年代のはじめはまだ洋画も人気があった。65年（昭和40年）になると、ちょっと人気も下がり気味かな。テレビが出てくるので。東京オリンピックのころですよね。東京オリンピックが64年（昭和39年）。それでテレビがダーッと家庭に普及していったので、だんだん映画が落ち目になっていく時代ですね。

『砲艦サンパブロ』とか、『サウンド・オブ・ミュージック』、このへんは高校ですね。でも、高校時代はまだそんなに映画館に足を運んでいたわけではないなあ。部活動で弓道部に入っていましたし。体を鍛えようと思って。猫背だったので。それをちょっと矯正するために弓道がいいだろうと。

市・46歳）

本当は行ったことないのです。でも岡山にそんな所があったとは嬉しい！岡山県西部の人の嫁になって12年経ったのに、知らなくてごめんなさい。（オオミマイ・神戸市）

もう記憶にないくらい昔、何度か足を運びました。映画の内容よりも、シネマ・クレールさんの雰囲気や一緒にいった友人とのことの方が印象に残っています。最近は足を運べていませんが、私にとっては映画を観るだけの場所ではなく、体験として思い出になる大切な場所です。（お殿・岡山市・48）

オリエント美術館で観た『ポンヌフの恋人』、あれがシネマ・クレールとの出会いだったはず。席が足りずに、通路に座布団を敷いて観た覚えが。あの熱気は今でも覚えてます。（コージー中村・岡山市・59歳）

小さいころから友達とワイワイ、ガヤガヤするというタイプではなかったです。あんまり人と交わるのは好きではなかった。好きではないというか、得意ではなかったので、映画を観ることは心地良かったのかもしれません。

1968年（昭和43年）が大学入学ですが、そこから観る本数が増えていくんですよね。大学は京都の同志社大学に進学しました。大学でも弓道部に入ったので、映画べったりではなかった。それでも月10本前後は観ていたと思う。映画が好きだということは皆知っていたけれど、就職は映画関係とかは全然考えていなかった。

学園の封鎖を横目に年間120本

大学に入り、親元を離れての下宿生活。おとなしい、内向的だった浜田青年は、京都での学生生活で世界が変わったのだろうか。

あまり変わらなかったですね。大学でも部活動の中での付き合いというか、そういうのはありました。授業での友人関係はないというか、学園封鎖があ

若い頃イケてるインテリ感を演出したく、定番デートコースでした。（スワキタカトシ・東京・43）

長谷井宏紀さんの舞台挨拶（たかはし・新見市・43歳）

毎月更新されるラインアップを眺めること。ワクワクします。（なんはいず・岡山市・35歳）

1994年石関町クレールの時からの会員です。26年もの長きにわたり、大変お世話になっております。2003年11月26日に長男を出産。久しぶりのクレールで観たのは『IN AMERICA』でした。小さな子どもの出ている作品だからなのか……無性に我が子に会いたくなり急いで帰宅したことを覚えています。その後は毎週決まった曜日に義母に子守をお願いして、子育ての息抜きに通い詰めたことが懐かしいです。今回の

った時期で、半年ぐらいは封鎖されて授業がなかったりしたので、なかなか友人はできなかったですね。

弓道が何か役立ったかどうかは分からないけど、一応キャプテンという立場だったので、気付かないうちに何かが身に付いているとは思いますけどね。

大学紛争まっただ中で授業はないし、時間はたっぷり。思う存分に映画を観るようになったのは確か。そのころのノートによると、例えば1969年（昭和44年）で120本ぐらいじゃないですか。月に10本ぐらい、そんなもんでしょうね。

学生運動には全く関わっていなかったし、関わろうとも思わなかった。周りは弓道部の人間ばかりだったので、そういう活動家はいなかった。

大学に映画研究会も当然ありました。ありましたけど、ちょっと合わなかったんだよね。自然の成り行きで映画を観ていたという感じ。同志社大学には学生会館があって、そこでいろんな映画を上映していたんですよ。安く観られるしね。そういうところでだいぶん観ていますね。学生会館、ノートに「学館」と書いてあるのはそういうところです。

そこで『処女の泉』とか、イングマール・ベルイマン（※3）の作品に触れ

緊急事態宣言後の営業自粛の11日間は、とても耐え難いものでした。再開され心からうれしく思っています。いつまでも変わらずにシネマ・クレールが岡山にあり続けるために微力ながらお仲間に入れて頂きたいと思っています。（のんちゃん・岡山市・52）

学生時代、「ロードショー」「スクリーン」などの映画雑誌を眺めては、小規模な映画は地方では上映されない事をさみしく思っていました。ところがある日、県立美術館の一室で、地方では珍しい「単館系映画」の上映が行われるのを知って興奮して出掛けました。……のちに何かの記事でシネマ・クレールの支配人の方が映画館創立以前に小規模作品の上映会をレンタルした会場で行っていたこと。それがシネマ・クレールの創立に繋がったことを知りました。

私が生まれて初めて、スクリーンで

て、さらに『野いちご』や『鏡の中にある如く』を観て映画の世界が広がったと思います。それで映画というのはすごいなと。だんだんとたくさん観るようになったという感じです。

それまでは、そうは言っても娯楽的な映画、もしくは大宣伝がかかった映画を中心に観ているのですが、大学に行って、学館でもそうだし自主上映サークルもいろいろあって、そこでベルイマン作品とかそういう作品に出会うことで、映画というものを観直していった。今まで観た映画以上の内容があるなと感じた。それはなんだったかというと、人間とは何か、生きるとはどういうことなのかをテーマにした映画も、世の中にはたくさんつくられている。難解ではあるが、そういう映画も観ていかないといけないなということで、映画の世界に入っていったという感じですかね。

もちろんそれまでも好きではあったんですよ。好きではあったけど、いろんな映画があることを、だんだんと自覚していったということでしょうか。

> 世の中にいろんな映画がある、それまで観ていたエンターテインメント系の映画以外にも、いろんなものがあると……。

鑑賞した「小規模作品上映会」は、シネマ・クレールに繋がっていた上映会だったのでは？・？・と思っています。ちなみに県立美術館の一室で行われた『バックビート』という映画です。幻のビートルズメンバーにまつわる作品で、今でも胸に鮮烈に残っている大好きな作品です。（ふじまり・岡山市・40）

映画は1人で観るものと思っていたのに気がつくと誰かに誘われて、もしくは子どもにせがまれていくところになっていました。他県の姉からいい映画があるからみようと誘われて、本当に久しぶりに映画館に来ました。そこが、シネマ・クレールでした。一人になれる映画館があったなぁとしみじみしました。（ホントキキトホン・真庭市・57歳）

デートで行きました！（まゆみ・備前市・43歳）

いろんなものがあった。作家が自分の考え方、思想と言ってもいいかもしれない、それを表明するために映画というものを使い、映画でそういうものを表現しようする映画もあるんだということを知ります。そのころは19歳ぐらいで、ちょっとこう考え方が変わっていったという感じですかね。

一方で学生運動をやっている人たちの言葉に理解できない自分がいて、一方では映画の中に分かりやすさだけでなく、難解な主張とか作家の思想的なものを含めて、心に響き、引かれていく。

全然質が違ったんですよ、ベルイマンは。さっき言ったように、人間とは何か、生きるとは何か、人生とは何か。その中での喜びもあるだろうけれど

（※3）エルンスト・イングマール・ベルイマン
1918年7月14日生まれ のスウェーデンの映画監督・脚本家・舞台演出家。「神の沈黙」、「愛と憎悪」、「生と死」などを主要なモチーフに、映画史に残る数多くの名作を発表した。2007年7月30日没

いくつもの素晴らしい映画を観せてもらっています。はじめて一人で観に行った『北京ヴァイオリン』も忘れられない映画の一つです。（みお・岡山市・34）

「シネマなクレール、あるいは、クレールなシネマ」
あまりに
あまりにも
『アメリ』な時間と
それから
緑の宿命の原題は
『襲い掛かろうとする虎と隠れる龍』
で
それは世紀の終わりの年だったり
それに
『薬指の標本』の後に
西大寺町で
丼ものをに箸を突っ込むのも
その落差が
よかった
それは
シネマなクレールの

も、苦しみのほうが多いという、そういう内容なんですよね。そういう方向にだんだんと入っていった。学生運動とは全く違う。

その当時は、社会に対する異議申し立てのようなことは、そこまであまり考えてなかったなあ。その頃観た作品の中にはそういった作品はあまりないですよね。

岡山へ、観るべき映画がなかった

大学卒業後、就職が決まり故郷・岡山へ帰ることになる。


岡山に帰ってみると、京都や大阪で触れてきた映画はあまりなかった。1972年(昭和47年)、73年の頃は、仕事もあり100本も観ていないな。就職したらこれで自分も稼げるし、好きなだけ映画を観てみよう、いや、観てみたい、映画観ようと思っていたんですよ。でも、岡山では観る映画がなかった。観たい映画がなかった。

もちろんゼロではないけれども、要するに娯楽映画しかなかった。ベルイ

時の空間が
特殊だから……
それから
やはり
エミリーは
マサチューセッツのあの気候を
あの劇場空間が演出してくれるあの
あそこでないと
満たされなかった
シェイクスピアみたいな……
音響もよい、そのもの
だから
ぼくは、今
シュニトケ(Schnittke)
の
「ヴァイオリン独奏のためのア・パガニーニ」
を聞きながら
書いている
また
行きたい
触れたい
身を刷り込ませたい
あそこに

マン的な映画は、多少は上映していたけれど、劇場で観る映画というのは限られたジャンル、限られた内容のものしかなくて。「しか」というのは言い過ぎだけど、物足りなさを感じていくわけですよね。

それが「京都や大阪の映画館、上映会に足繁く通った大学時代に世界各国の映画に触れた浜田さんは、故郷の貧しい映画状況に唖然（あぜん）とし、欲求不満の日々を送る」と、『ミニシアター巡礼』（※4）の著者代島治彦のインタビューに対して答えている。

欲求不満を解消するために、神戸とかへ映画を観に行っていた。だから欲求不満がどんどん、どんどん募って「ワーっ」となったということはないです、そうやって観に行っていたから。

（※4）**代島治彦『ミニシアター巡礼』**
２０１１年9月大月書店刊。ミニシアターの閉館が相次いでいる。しかしその苦境のなか、〝あの暗闇〟を守る人たちがいる！全国12の映画人を訪ねる対話の旅。シネマ・クレール浜田支配人のインタビューも収録されている。

そう
シネマなクレールに
クレールなシネマに
晴れ、そう、
クレールな
その時と場所で
晴れ晴れと
（みごなごみ・岡山市・56）

私はこの前、『国家が破産する日』で初めてシネマ・クレールに行ったものです。なかなか時間が取れなくてその後伺ってませんが、この映画館の活動はとても重要なものだと思っています。岡山の文化のためにも頑張ってください。（井手幸一郎・岡山市・71歳）

シネマ・クレールに行ったのは、たしか完成したばかりの僕がギリギリ10代だった頃。
ミニシアターという表現を当時もしていたかは覚えていないけれどお洒落な映画館に行くと決めた記憶があ

当時はまだいわゆるミニシアター的なものではないですが、普通の上映館の中に、ちょっと変わったというか、マイナーなものがありました。

一方で、そのころ岡山で自主上映映画会が開かれていることを知る。

山本遺太郎さん（※5）がやっていた自主上映がありました。岡山に帰ってきて知ったんですが、山本遺太郎さんは、そのころずっと（自主上映）活動されていたんだけれど、確か（僕が）帰ってきて一年ぐらいでやめたんじゃないかな。ATG（※6）の作品が割と多かったように記憶しています。

実は、遺太郎さんには「活動を手伝いましょうか」というような話をしに行ったことがあるんです。そのときに遺太郎さんは、「いや、もう続かないからやめる。ただし映画講座的な活動はやっていきたいんだ」というようなことは話されていました。だけど、残念ながらそれは実現しませんでした。

山本遺太郎さんは、主に文学とかそっちの方向で活動されていたと思うので、あまり知らなかったんです。ただこっちに帰ってきたときに、自主上映会があると初めて知ったのですが、知ったあとすぐ上映会はなくなった。そ

る。初めて洋服屋さんに行った時のようなワクワク感や、初めてお酒を飲んだ時のようなドキドキ感といった、そこに行くという行為だけで大人へのステップを踏んでいるんだという感覚でいた。当時は珍しい映画を上映しているニッチなエンターテイメントを楽しんでいる感覚だったけど、文化的な発信を行なっていると感じ始めたのは、もう少し大人になってからの話。（越智輝佳・岡山市北区庭瀬・38歳）

シネマ・クレールで映画を観たのは今までで1回だけですが、すごく印象に残っています。館内が清潔だったし、会場が少し狭かったですが、これぐらいのスペースの映画館もいいなあと思いました。（匿名・津山市・54歳）

大好きな映画館、旦那とよく観に行ってます！（岡田・岡山市・30）

のあとオリエント美術館の館長になられてからもずっと付き合いはありましたが……。

（※5）山本遺太郎（やまもと・いたろう）

1911年岡山市生まれ。岡山県総合文化センター文化課長を経て岡山市立オリエント美術館初代館長、吉備路文学館館長などを務める。戦後岡山の文化活動を牽引したひとり。第9回岡山出版文化賞受賞（77年）、第30回岡山文化賞受賞（78年）、第40回山陽新聞賞受賞（82年）。著書に『映画とその流域』『岡山の文学碑』『岡山の演劇』（岡山文庫）など。2001年没

（※6）ATG

日本の映画配給会社日本アート・シアター・ギルドの略称。1961年から1980年代にかけて活動した日本の映画会社。良質のアート系映画をより多くの人々に届けるという趣旨のもとに設立された。年会費を払うと他では観られない映画を割安で観ることが出来たため、若者たちの支持を得た。60年代から70年代初めの学生運動、ベトナム反戦運動、自主演劇などの盛り上がりの中で、シリアスな、あるいはオルタナティブな映画に対する関心は高かった。大島渚『新宿泥棒日記』、羽仁進『初恋・地獄篇』、松本俊夫『薔薇の葬列』など、当時の若者たちに大きな影響を与えた話題作の製作が可能になった。


岡山へ引っ越してきて、一番たくさん映画を観ている映画館です。

人生で一番たくさん映画を観ている映画館です。

人生で一番たくさん好きな映画に出会っている映画館です。

スクリーンの大きさと客席のアールと数と奥行きの適度な浅さと椅子の座り心地と高さのすべてのバランスが最高の最高の最高だと思います。

狭いロビーで人と隣り合って待つのも最高です。

大きくなさが最高に贅沢な映画館だと思います。

子供を産む前の日もここにいました。

子供が老人になってもここがあってほしいです。

私にとってつらい時の病院でもあり、空想の羽根をひろげる劇場でもあり、人生で出会った夢のともしびのような映画館です。

大好きです。ここしかない。特別。シネマ・クレール。

（角ひろみ・岡山市北区・45）

後に浜田さんが始めた映像文化交流会という自主上映の活動は、山本遺太郎さんが館長を務める岡山市立オリエント美術館の地下ホールを会場に開かれるのだが、その前に少し触れておかなければならないことがある。

岡山映画鑑賞会の設立と脱退

こっちへ帰ってきて4、5年あとだったと思うので、1977年（昭和52年）、78年（昭和53年）ぐらいじゃないでしょうか。「岡山映画鑑賞会」（※7）がスタートしたのは。

発起人は乾一雄さん（※8）。岡山市民劇場の事務局長。その人が中心でやっていた。78年（昭和53年）に、その乾さんが中心となって「岡山映画鑑賞会」を立ち上げて活動を開始していますね。

石川泰紀さんという人がいて、石川さんは月の輪映画社という配給会社をつくった人です。月の輪映画社は大阪で活動していて、高梁市出身の水野晴

この映画めっちゃ好きだけどマイナーなんだよな…でもシネマ・クレールなら！その期待に何度も応えてくれて、マイナーでも面白い映画をシアターで観せてくれたのがシネマ・クレールでした。（寒川茂高・倉敷市・48歳）

12年前に家族が突然倒れ、一家の世帯主になって必死で仕事をして子供たちとの生活を支えてきましたが、その間の心の支えになったのがシネマ・クレールで映画を観る大切な時間でした。だんだん仕事が増えてきて金銭的には生活が楽になってきたのですが時間は無くなってきてそんなにはたくさんは通えていないのですが、シネマ・クレールで映画を観ることは心の支えになっています。（吉井江里・岡山市・57歳）

シネマ・クレールは私の学校のひとつです。この学校でいろんなことを

郎さん（※9）が立ち上げた配給会社IPプロモーション（インターナショナル・プロモーション）というのがあって、そこがヒッチコックとかいろんな作品を持っていたんですね。そういうところとのつながりで、作品の配給をしていた。

（※7）岡山映画鑑賞会
1978年年設立の映画鑑賞団体。岡山市内を中心に年に数回自主上映会を開催し、内外の優れた映画を県民に紹介。県内各地のグループ、行政機関主催の上映会にも協力・支援している。

（※8）乾一雄（いぬい・かずお）
1933年岡山県矢掛町生まれ。戦後岡山の演劇活動を牽引した。アマチュア劇団で脚本を書き、その後55年に岡山演劇協会を設立（初代会長は山本遺太郎）。その後、岡山労演（63年）、岡山市民劇場など演劇鑑賞活動の中心を担う。

（※9）水野晴郎（みずの・はるお）
1931年高梁市生まれ、日本の映画評論家、映画監督、タレント。倉敷芸術科学大学教授、大阪芸術大学客員教授。日本テレビ系の映画番組『水曜ロードショー』の解説を担当。一方、自身の会社「インターナショナル・プロモーション」で、アルフレッド・ヒッチコックの『バルカン超特急』など、ヨーロッパ映画の配給を行った。2008年6月10日没。

学びます。この世界の美しさ、難しさ、切なさ、哀しみ、喜び、歌、アート、人生……。なかなか行ける時間が作れないけど、たとえ行けなくても、行きたいと思う映画館がそこにあるだけでこの町はいい町なのです。（原明子・岡山市）

寺脇研さんが統括プロデューサーを務めた『子どもたちをよろしく』。寺脇研さんの舞台挨拶、そしてその後のトークにも参加しました。懐かしいです。（後藤孟・瀬戸内市・36）

実家から歩いて行ける、私にとって身近な映画館です。子供の頃の私は、大きな映画館とは違った『なんだか大人っぽい空間』にわくわくしたものでした。昔、窓口に立てかけられていた『映画館のつくり方』という本を買った日の事もよく覚えています。始めは、父に連れられ、その後は学校で出来た映画好きな友人と、岡山を離れた後も帰省した際に家族

岡山映画鑑賞会が企画した上映会のプログラムは、最初は『カサブランカ』（※10）と『人生案内』（※11）だったんです。会場は岡山セントラルでした。そのときビラがあって、映画鑑賞会を手伝ってくれる人を募集していたんですね。そこで、映画鑑賞会に関わることになった。

その当時は、例えば岩波ホールで上映された作品とかが、岡山では全く上映されなかったんです。最初はＩＰのベルイマンの特集だとか、さっき言ったヒッチコックの特集だとか、そういったものをやっていたんですね。ところが、何の映画だったかはっきり覚えていないんだけど、だんだんに岡山映画鑑賞会というものが知られていって大きくなっていく。そうすると、たくさんの人が入るじゃないですか。その人数を持って、色々な配給会社とのつながりが出来ていった。そして、『旅芸人の記録』とか『木靴の樹』といった作品の上映を始めて、それでどんどん、どんどん大きくなっていった。

大きくなったので、乾さんの提案で事務局をつくることになり、専従の人も入って来た。しかし、色々考え方の違いもあり結局岡山映画鑑賞会からは脱退することになった。一方で松田完一さん（※12）とのつながりも出来、無

や仲間と、と私の生活が変わっても、変わらず近くにいてくれる大切な存在です。これからもずっと岡山市民にとって身近な映画館として、街に溶け込んでいてくれますように。（後藤弥生・神戸市・33歳）

どことなく昔の映画館の面影を残しているシネマ・クレールが好きです。座席を決めて映画を観るんじゃなくて、開場してから座席を決めるスタイルとか、部屋の大きさとか、椅子の色とか。昔は映画を立ってみたり、入れ替えなんてなかったから同じ作品を一日中観ることもできたとか言ったら今の若い人はびっくりするんだろうな。今また映画館のスタイルがかわるとしても、どんな形であれ存在していて欲しい。コロナなんかのために閉館にならないでください。（江見優子・岡山市北区・55）

初めてシネマ・クレール（まだ丸の内はなく石関のシアター）に出掛け

声映画を上映する「古典映画愛好会」を立ち上げ、鳥羽幸信さんをお迎えし

(※10)『カサブランカ』

1942年のアメリカ映画。親ドイツのヴィシー政権の支配下にあったフランス領モロッコのカサブランカを舞台にしたラブロマンス映画。監督はマイケル・カーティス。第16回アカデミー賞にて作品賞・監督賞・脚色賞の3部門を受賞した。主演ハンフリー・ボガート、イングリッド・バーグマン。

(※11)『人生案内』

1931年公開のソビエト連邦初期の劇映画。ソ連では初めての音声付き映画で、ボリシェヴィキの労働キャンプにおける少年たちの再教育を主題にした作品。第1回ヴェネツィア国際映画祭において監督賞を受賞し、その後、世界197カ国で上映され、ソビエト連邦の映画の国際的な評価を高めた。また、26カ国がこの映画を購入した。

(※12)松田完一(まつだ・さだかず)

1935年岡山市生まれ。映画弁士、岡山映画資料館館主。岡山市の大きな料理店に生まれる。近所の映画館に入り浸り、子どもの頃から弁士に憧れる。戦後、本格的に映画関係の資料を収集し、昭和50年大正、昭和の初期のプログラム、チラシなど7000点を集めて、資料館を開く。また、50歳の頃から独学で弁士をするようになり、コレクションの「不如帰」「喧嘩安兵衛」などを上演した。平成18年没。著書に「岡山の映画」、共著に「新東宝チャンバラ黄金時代―石割平・松田完一コレクション」など。

たのが『カストラート』を観るためでした。ところが既に上映期間が終わっていて、取りあえず選んだ『プリシラ』が抜群に良く、それからちょくちょく通うようになりました。同じく石関で観た手塚眞監督のサイコスリラー『ブラックキス』の客は私一人だけでした(苦笑)。まだ無名に近かった綾野剛が出ていたのを、さっき作品検索して知りました。シネマ・クレールは『ムカデ人間』や『片腕マシンガンガール』『アイアン・スカイ』といった変態、グロ、B級映画から話題作、ドキュメンタリー、珠玉の名作まで底なしの胃袋で作品をのみ込み上映してくれるところに敬服します。特にドキュメンタリーは素晴らしいものが多く、最近では『三島由紀夫VS全共闘』がエキサイティングでした。美術や音楽も好きなので、アートやロック関連の映画(ドキュメンタリー含む)がかかると嬉しいです。(高坂博士・倉敷市・58歳)

活動を始める。鳥羽さんはフィルムコレクターであり、弁士もされていたので、貴重な映画を観ることができました。

ドイツの表現主義映画祭と映像文化交流会

映画鑑賞会によって、そういう上映会がやる映画にも人が来てくれる、（岡山にも）潜在的な欲求があるという手ごたえを感じた。自分だけではなかったんだ、と。

当時ドイツ文化センター（東京）がいろんな活動をしていたんだけれど、その中でドイツ表現主義映画祭を開催していたんです。これをなんとか上映したいなと思って、ドイツ文化センターと話をしていた。これは大阪のドイツ文化センターと話をして上映をしたんだけれど、そのドイツ文化センターは、当然表現主義映画祭だけではなくて、いろんな活動をしていたんです。そのときに、ちょうどアカデミー賞受賞で『ブリキの太鼓』が有名になって、監督のフォルカー・シュレンドルフの特集もその文化センターでやっていたん

岡山芸術交流２０１６そして岡山芸術交流２０１９！（細井眞子・東京都・51歳）

すでに名古屋で終わってしまった『ボーダーレス　僕の船の国境線』が、まだ岡山でやっていた！偶然ネットで見つけた映画だった。時は２０１６年2月。わざわざ電車を乗り継いで、シネマ・クレールまで観に行った。よかった、岡山にココがあって！地方のミニシアターって、珍しい出会いに救われる。それでいいじゃないか！（三上光之・名古屋市・55）

15年前の3月末に岡山に引っ越してきました。岡山で観た2番目の映画が『運命を分けたザイル』(2005/4/11.シネマ・クレール石関)。これが素晴らしい映画でした。観終わってから近くの書店に行って原作本を買い、秋にはDVDも購入しました。シネマ・クレールでの思い出と言えば、実

です。それはもうぜひ岡山でもしたい。けれども、現代の映画なので「古典映画愛好会」ではちょっと無理だろうということで、「映像文化交流会」をつくって、一回目の活動として、その映画祭をやりましょうと。５本ありましたけれども、それで立ち上げたわけです。

１９７９年（昭和54）ですね。30歳のころです。４月に立ち上げた。ですから、ドイツ文化センターの映画をやろうというのが最初の活動です。

ドイツ文化センターではそれ以外にもニュー・ジャーマン・シネマの旗手たちの映画、シュレンドルフとかヘルツォークとかファスビンダーとか、いろんな人たちの特集上映をやっていたので、それを順次上映していた。今はもうありませんが、映画の輸入と配給を行っていた欧日協会を紹介頂き、それらの作品を上映しながら、アテネフランセ文化センターや他の配給会社を紹介頂き、徐々に上映作品の幅が広がっていった。

そうなってくると、もう16ミリプリントで上映できる作品が少なくなってしまい、活動するというのは難しくなったんですね。要するに、ミニシアターにかけるには35ミリプリントでないといけない。だから配給会社も35ミリをつくって劇場で上映していく。その流れに乗ろうとすれば、やっぱり35ミ

はひとつ……とても素敵な方との出会いがあったのですが……特になんの発展もなかったので、心の奥底に秘めておくことにしましょう（笑）。（山崎正之・岡山市・66歳）

ミニシアター系の映画が大好きで、高校生の頃から何度も何度も通っていました。可愛くて大好きな『アメリ』を観てフランス映画をたくさん観る様になったり、ヴィンセントギャロの映画を観てカッコよくて過去の作品を遡って観たり……母もよく通っていたので、今度あの映画来るよ！と情報交換したりしていました。今は母も年をとり、私も育児に追われる日々ですが、落ち着いた頃には、また大好きな映画を大好きなシネマ・クレールで観れることをご褒美にしたいです。（森長瑶子・岡山市・36歳）

メジャーな映画館では決して上映しないような映画をたくさんここで観

リの映写機も必要だと移動式の35ミリ映写機を買った。基本的な操作は教えて頂き、自分で映写機を回すようになって、どんどん幅が広がっていった。

「映像文化交流会」という名前には、「ちょっと気負った名前ですが、当時はいろいろ考えたんですよ。〈鑑賞〉という受け身な立場じゃだめだ。〈岡山に新しい映画文化をつくる〉という気持ちがこもっています」(代島治彦『ミニシアター巡礼』)という、浜田さんの強い意思が込められている。

オリエント美術館地下ホールを拠点に

全国的にミニシアターができていく流れと、「映像文化交流会」をつくったときが重なった。ミニシアターが広がっていくことによって、映像文化交流会で上映する作品も35ミリフィルムにならざるを得なくなり、それに合わせるかたちで35ミリの映写機を使うようになった。

て勇気をもらいました。(水田美由紀・岡山市・55歳)

新社会人となり初配属先が岡山市内で、家族も同期も友人もいない中、ようやく見つけた楽しみがシネマ・クレールでの映画でした。結婚後は夫婦揃っての楽しみとなりました。体調を崩し、休職中も時折りリフレッシュで映画を観に行きました。友人を作るのが苦手な私ですが、シネマ・クレールで公開されている映画を話題に岡山を離れた今も連絡を取り合う友人が出来ました。今でも岡山に戻ったら訪れたい場所のひとつです。(杉山仁志・静岡県湖西市・31)

何度も泣いて、何度も笑って、いろんなことを学んだ、ほかにはない素晴らしい映画館です。(石原知喜・岡山市中区・39)

独身時代、仕事帰りに一人映画をみ

会場がオリエント美術館の地下ホール、これは最初からここでした。「古典映画愛好会」は（山本）遺太郎さんの関係もあるし。そのときにきっちりした映写室のあるホールがほかに岡山にはなかったということもあった。はじめは、月に2回ぐらいじゃないかな。来場者は徐々に増えていき、それにつれて回数もだんだんと増えてきたんです。

エイズをテーマにした『野性の夜に』や、レオス・カラックス監督の『ポンヌフの恋人』は大ヒットでした。80年代の上映活動は面白かった。

基本的に、映画というものはどういうものか、ということから出発するわけですが、いい作品があるじゃないですか。ただそれを観ない人もたくさんいる。それはもったいない、こんなにいい作品なのになんで観ないのかという思いを持っていて、それをできるだけ観てもらいたい。とりあえず映画を観てもらい、それで映画の魅力を知ってもらいたい、という気持ちがあったんです。それが、自分で自主上映をするようになって実現できるようになった。やっていて、楽しかったんだろうと思いますね。

こんなにいい映画なのだから多くの人に観てもらいたい、自分が選んだ

にいきました。映画が終わり、館内が明るくなると職場の上司も一人映画みていました。「奥さんには残業って言ってるんだけどね」と笑った顔が忘れられません。（石田篤史・倉敷市・42）

シネマ・クレールは私の青春そのもの。大学時代は自転車で毎週のように石関町に通いました。当時はミニシアター全盛期で素晴らしい作品も多く、岡山に住んでいてスクリーンで観られる幸せを実感していました。その後の余韻を感じながら自転車で風をきって大学に戻ると、その映画の感想を語り合える仲間がいました。満員の中で観た『ライフ・イズ・ビューティフル』は忘れられません。社会人になってからは山陽放送ラジオの深夜番組「サンデー・ベスト」で映画を紹介するという大役をひよっこが担うことになりました。何度もシネマ・クレールさんに足を運び、映画によっては挿入歌を調べるため

映画、ラインナップすることで観てもらえる。そういう思いが自主上映活動につながっていった。

手伝ってくれる人はもちろんいました。でも作品の選定だとか、会長とかリーダーがいて合議制で会議をやってというような感じではない。作品は全部僕が決めていました。自分で選んで。「映像文化交流会」では、ミニシアター系の配給会社ではあるけれど、繋がりも広がっていったので、上映作品の幅も広がっていきました。

映像文化交流会の上映会の回数はどんどん増えていった。上映会の収支と合ったのだろうか。1000円程度の入場料を取って、オリエント美術館を借りて、映像の作品代を払って、赤字ではなかったのだろうか。

赤字ですよ。というのは、35ミリの映写機を買ったので、それに何百万円とかかっているわけですから。

「なんでそんなにお金かけてまでやるの?」って聞かれるんですが、いやい

に館長に無理を言ってエンドロールを調べて頂いたこともあります。1人の映画ファンとしても、マスコミの人間としても、シネマ・クレールさんに育てて頂きました。

今は東京で暮らしていますが、東京は都市開発で老舗の映画館が姿を消しつつあります。文化として街の顔になっているシネマ・クレールが岡山にあることは奇跡です。

私も帰省のたびにクレールのタイムテーブルを観ては、そのラインナップのセンスの良さに唸り、あの静かで清潔感のある映画館へ足を運んでいます。

シネマ・クレールは、青春そのものであり、そして私の帰る場所でもあるのです。

(石田芳恵・東京都中央区・40代)

『パッション』『マリア』などの映画を観ました。海外では話題の映画だったのに、なかなか観れるところがなかったので、嬉しかったです。(川

や車一台買えばそのくらいかかるじゃない、というような話はよくしていた。自分の趣味に対してそれなりの金を使うことに違いはないんじゃないかと思うんですね。

35ミリの映写機を買ったのはいつだったか？　それはちょっと覚えていない。その当時いくらしたかなあ？　それもはっきり覚えていないな。

映写機は当然中古で小さい出力の持ち運び用だった。しかし、その後時代はドルビー（※13）の時代になっていく。そうであれば、このオリエント美術館の会場に特化したドルビーの設備も持ちたいと。ドルビー装置も買い、当

（※13）ドルビー

1981年にドルビーラボラトリーズ（Dolby Laboratories, Inc.）が開発した音響方式・サラウンドの一種。ビデオやレーザーディスクのステレオ・アナログ信号において、映画ソフトなどの音声に用いられた。映画の音響再生で、臨場感を高めるため聞き手の周囲を包む音場を再生する技術で主導的な地位を占める。71年に公開された、スタンリー・キューブリック監督の英国映画『時計じかけのオレンジ』が初のドルビー映画となる。エンドクレジットにも記載されているが、商標のドルビーマークは当時存在しなかった。最初にドルビーマークがクレジットされたのは77年公開の映画『スター・ウォーズ』である。

口達也・岡山市中区・51）

社会人の頃、月3、4回の割合で行かせて頂いておりました。会社帰りの楽しみでした。（村上トモミ・岡山現在新見市・40代）

縁もゆかりもない岡山に転勤で赴任して数カ月たった日に『モンドヴィーノ』というワインの映画を観にひとりでシネマ・クレールへ。映画を観終わった後、行ってみたかったワインバーへひとりで入り、その日初めて出会ったワイン好きの店主と二人の常連客と友達になり、急速に岡山ライフが充実するきっかけになった。（打谷直樹・岡山市北区出石町・39歳）

コロナの影響で3月は久しぶりに映画を観る時間ができて、子どもたちによろしく、『プリズンサークル』を観ました。いい映画を観れるシネマ・クレールは、心の泉のような場

然そのスピーカーもたくさん買って。それを全部合わせれば、相当の金額にはなっていたと思う。

上映会のたびに自宅から映写機を運び、設置して、映写をする。そして、上映が終われればそれらを撤去する。その繰り返しです。

活動は土・日です。平日は働いているから当然できないですよね。午後5時には閉館するので、平日の夜もできないですよね。

その当時はやりたい映画、かけたい映画がいっぱいあったわけです。でも1カ月に2本とかそんなもんだから、それほどたくさんは上映していないですね。

1980年代から90年代にかけて各地で自主上映活動が活発になり、ミニシアターもできてくる……。浜田さんの常設の映画館をつくろうという構想は、いつごろからなのだろうか。何かきっかけでもあったのだろうか。

所です。（大塚愛・岡山市・46）

自分の部屋のような居心地が好きです。（鄭健剛・岡山市北区天神町・53）

最近は行けてなくて、申し訳ないのですが、以前は好きな映画がある時は、続けて2本観たりしてました。シネマ・クレールならではの映画の選び方は、とても好きです。そして、集中して映画が観れる環境もとても良いですね。浜田さんは私が飼っている大型犬をとても可愛がって下さる優しい方。これは映画と関係なかったけど、書きたかったです。まだこれからもいろんな思い出つくりたいです。（鄭燕好・東島田町）

気分転換をしたい時には母とふたりでシネマ・クレールに向かうのが私の日常です。世界観や社会観を見つめ直すことが出来ます。だから無くてはならない存在です。（島津幸枝・

映写機の持ち運びから解放されたい

何年ごろからかな。シネマ・クレール石関を94年（平成6）につくったんですよね。だからその2、3年前から、何かホールがあったらいいなとは思い始めていた。

時期としては、ちょうど『髪結いの亭主』とか『ポンヌフの恋人』を映像文化交流会でやったころ。具体的に何かこれというきっかけはないんですよ。重い映写機を運ぶのがちょっとしんどいなと思うようになったのもひとつ。腰をやられて、あの重たいのをいちいち運んだりするのがしんどい。しかも夜は会場を使えないでしょ。だから、例えば監督特集をしようと思っても、思うようにできないんですよ。そういった意味からも、要するに映写機を置いておきたい。映写機をずっと置いて夜もできるホールがどこかあればいいなというふうには考えていた。とはいっても、具体的なプランではなかった。

シネマ・クレール石関が具体化する2、3年前はね。ただ、（映画館として使えそうな）ここが空いているというところの情報があれば、見には行って

瀬戸内市・44歳）

学生時代、独特な雰囲気を放つ、上映作品・スケジュール、作品解説等が載った三つ折りパンフレットをお守りのように持ち歩き、授業が終わった放課後や週末に、作品と対話するように1人で映画を楽しんでいました。当時、都会のライフスタイルを伝えるファッション雑誌、そこに掲載されるカルチャーを貪るように眺めつつもその眩しさに触れる機会もなく、自分の手が生み出す作品がその眩しさの一員となる日を夢見つつも、何に手を掛ければそこに這い上がれるのか……。現実と憧れのギャップによる劣等感から居場所を見つけることが難しかった、地方在住の美術系学生にとって、雑誌で紹介されるような純度の高い文化に浸ることができる貴重な場所でした。自分の好みを確かめて、雰囲気を真似して、何となく再現して、その純度のちょっとずつの高まりをわずかな

いましたけど。

常設の映画館を具体化するためにはある程度資金も必要だ。例えば貯金をするとか、その日のための準備を進めていたのだろうか。

具体的に行動したということはなかったけれど、映写機や映画の資料を保管する場所は欲しかったので、土地を買い、家も建てた。結果的にそれは役に立ったとは思う。

会社では、いろんな部署を経験しました。最初は営業に入って、それから企画、経理、総務、人事などです。よく「サラリーマンと両方できましたね?」って聞かれるけど、土日の休みを使って活動をしていただけですよ。

偶然見つけた物件

石関町にあった3階建ての建物を改装して、映画館にした。市立オリエント美術館の向かい、道を挟んで東側道路に面した絶好の場所だった。

自信と粗末な言葉に変えることで、自分の中にその文化の要素を取り込めたような気がして嬉しかったように思います。（東馬場洋・笠岡市・39歳）

主人と初めてのデートで『アンナカレーニナ』を観ました。（匿名・岡山市中区・46）

マイナーな映画が多いと思う。一番の思い出は会場の椅子に座らず階段で映画を観るという体験をしたことだ。また普通の映画館では皆で笑うことはないがここでは何故か笑えた。やっぱり隣との距離感がよくて温かい気持ちになれた。マニアックな映画ファンが集まる映画館はたまに行くと落ち着く。（凪羅・岡山市）

大学時代の青春（福圓涼子・岡山市・42歳）

葛山喜久監督のドキュメンタリー映

たまたま不動産情報を見ていた時、目に付いたのが、石関のあの場所。貸し出し物件があると。

シネマ・クレール石関の外観

ビル丸ごとですよね、3階建て。それが目に付いて、これはちょっと見に行こうかなというのが最初。それで見に行って、ここならつくれるかなあということで。

建物の家主は設計事務所でしたから、そこと話をしました。改装できるかどうか、それもすぐ話ができるので、ではやりましょうと。だけど、当初2館（スクリーン）作りたかったものが、躯体の関係で出来ないとわかった。

「もうできません」と家主が言っ

画〝岡本太郎の沖縄〟の舞台挨拶で監督から岡本太郎さんの色々なお話も聞けて、とても感慨深い一日となりました。なぜ自分が沖縄を懐かしく思い、なぜ激しく心惹かれるのか。なぜ岡本太郎の作品に惹かれるのか、その理由がやっと分かった気がしました。生きている意味と宇宙の真理。人間の本来あるべき姿が垣間見えました。（片山布海子・岡山市中区平井・46歳）

いつもみたい映画はシネマ・クレールでやっていました。（保科歩美・岡山市・38歳）

岡山に来た当初のこと。よそ者の僕は躍起になって街を歩いた。そして一つの大切な居場所が見つかったような気がしました。ガラガラの（と失礼は承知で）、比較的空いた暗い部屋で明るい画面を眺め、大きな音に耳を奪われ、経験としか言いようのない映画空間を堪能できる。そして

てきたから、じゃあスクリーンが一つだけならともう一回検討して、一つだけなら大丈夫ということになって、じゃあつくろうかということになったんです。

借りて改装して。49席でスタートしました。たまたま見つけて、たまたまそういう家主の理解もあって、ということなので、聞かれるたびに「たまたまできたんですわ」とよく言うんですけど、それは本当のことなんですよ。

80年代には全国各地でミニシアターがいろんなかたちで出てきた。そうした流れは、浜田さんの映画館をつくりたいという気持ちを後押ししたのではないか。

劇場がたくさんできているということが影響したというのは、あまりないと思うんです。ただ、そういうミニシアターがたくさんできた、もしくはビデオがだいぶ隆盛してきた。ゆえにミニシアター系の配給会社がたくさんできてきた。そっちのほうが僕にとっては重要だったんですよね。

映像文化交流会というのは、映像を通じて世界のいろんな文化を知りまし

貴重なセレクションの数々。安い「男性日」を選び、慎重に時間を調整して観たあと、また明るい日の光の下にでてくる充実感。そんな毎回、毎回がスリルと想い出です。（野呂・岡山市・49）

例えば、僕らのまちからシネマ・クレールがなくなったとしたら。

真っ先に思い浮かんだのは
例えば、僕らのまちにシネマ・クレールがなかったとしたら。

シネマ・クレール石関で、友達と楽しく観たあの映画も。1人で観終わって1週間引きずったあの映画も。

シネマ・クレール丸の内で、授業を抜け出してでも観たいと思い、気付いたら翌日も観ていたあの映画も。

順番待ちで偶然友達と再会し、嬉しくて少しくすぐったいような気持ちで一緒に観たあの映画も。

心が動いた、あの瞬間も。大切な何かを思い出したような、あの感覚も。

昨日のことのように思い出せる、鼻

ようという趣旨でずっとやっていた。そういった意味では、いわゆる第三世界の国も含めていろんな映画がどんどん入るようになってきたので、それはよかった。

だからその当時は、どこにどんな映画館があるのかあまり知らなかったな。

映画に集中できる環境に

81年ごろに三つのミニシアター、「俳優座シネマテン」「パルコ・スペース・パート3」「シネマスクエアとうきゅう」などがオープンする。「定員入れ替え制」「場内飲食不可」というような館も登場してきた。シネマ・クレールの場内飲食不可や定員入れ替え制のシステムは、そういうやり方を参考にしたのだろうか。

参考にしたということはないですね。どうしてそういうことをしたかというと、小さいころ、小学生なり中学生なり高校なりに映画館で映画を観ているときに、周囲がやかましかったんです。ボロボロ食べたり飲んだり、缶を

の奥がツンとする感覚や心がギュッと締めつけられる感覚も。わたしの中から全部なかったことになる…？

なんて薄味で、彩のない世界なんだろう。

シネマ・クレールは、そのくらい色んな思い出がつまった場所。まだまだ未来のわたしにシネマ・クレールでたくさん心を動かしてほしい。

これからも、当たり前のように僕らのまちにシネマ・クレールがある日常が続きますように。（有果・岡山市・33歳）

最近のシネコンはドラマの延長のような作品ばかりであまり観たいものがないが、シネマ・クレールはヨーロッパ映画や、内容がしっかりしたものを上映してくれるのが嬉しい。夫との初デートはシネマ・クレールでした。（岡山市北区・48歳）

ポーンと置いたり。それはもう絶対にやめてもらいたい。それと、途中で入ってきても平気で人の前を通ったりする。そうしたら映画に集中できないじゃないですか。それもしたくなかったということで始めたんです。

ただほかにもそういう映画館があるというのは、強みではあったんですよ。お客さんからも「こんなことをするのはお前のとこだけじゃ」と言われても「いえいえ、そうじゃありません、東京でもありますよ」と言い返せる。

シネマ・クレール石関は、もともとあった建物を生かして2スクリーンにしたいところを、建築上の規制で1スクリーンしかできないということになった。普通なら2スクリーン作れないのならもう諦めるという選択もあったと思うのだが……。

2つがダメなら、1つでもしょうがないかという感じで。でも興行には使えなかったにしても、2階に試写室を作りました。そこで課外活動のようなこと、例えば映画の研究会とかをしたいなと。

試写室には、移動式のイスを入れて、20人くらい入れました。そこでは興

上映時間を待つ間、午後の日差しの中のクレオとのんびり過ごしたこと。（岡山市・43）

夫と何度もデートした場所。映画観て、お気に入りのカフェで感想言い合っていた思い出。結婚して、子どもが出来伺えなくなっていますが、結婚記念日は行けないけど必ず何の映画を上映しているかチェックしてしまいます。（岡山市・37）

学生時代に初めて訪れてから今まで、20年以上にもわたり本当にたくさんの素敵な作品に触れさせて頂きました。シネマ・クレールさんがなかったら出会えなかった映画がたくさんあります。社会人になり岡山を離れても戻ってきてしまうお家のような場所です。（福山市・35）

ドイツに長く住んでおります。帰国の度に何故かドイツ映画が恋しくなり、シネマ・クレールに足を運びま

行以外のいろんなこと、例えば監督が来たらそこでインタビューするとかの場所として利用した。３階に会議室を作ったので、人数が集まる時には3階でやったりもしていたが、記者会見のような時は静かな方がいいので、こちらの試写室を使ったりということで使用していました。

最初は「たまたまそういう物件があった」という話だったけれども、2スクリーンを1つにして試写室を作ろうという頃からは、「これを絶対に作りたい」という気持ちに変わってきているのがわかる。

ここで作らなければもう作れないだろうと思っていましたから。場所もおそらく他にはないだろうから、作ろうかなという気持ちはありましたけれどね。

だれかに相談ですか？　興行的にやっていけるかどうかということでは、誰にも相談していないです。むしろ、反対意見の方が多かったのは確か。「やめておけ。映画館は厳しいぞ」というのはかなり聞きましたね。

でも、それはやってみないとわからないし、ここで作らなければ作れない

した。(Frankfurt am Main Deutschland・53)

ふと疲れた時、悩んだ時、考えたい時、何気なく足が向いてしまいます。特定の思い出はないかもしれませんが、今も生活の一部です。(岡山市・42)

たくさんありますが、一つと言われたらペ・ヨンジュンの『スキャンダル』。幼稚園のママ友と大挙して観に行きました。テラスでワイワイガヤガヤおしゃべりしたり、顔出しパネルで盛り上がったり。子育て真っ最中の忙中閑ありでした。(岡山市)

私はナチスの存在が怖くて、ナチスはどのようなことをしたのか、どうしてそのような事になったのかを知りたくてナチスがテーマの映画は殆ど観に行っています。同じような過ちを繰り返して欲しくないのです。

だろうなと思っていたので。

記念すべき第1作は『トリコロール　青の愛』

1994年（平成6年）12月にシネマ・クレール石関がオープン。常設館を作りたいという浜田さんの思いは実現した。

やっとできたなという感じ。これで映写機の持ち運びはもうしなくていいなと。当然（岡山ガスで）働いていたので、昼間の興行については社員に任せることにしました。そこは割り切っていましたね。

ホールを作る段階で、自分はサラリーマンを続けながら、館の仕事は他の人にやってもらう

シネマ・クレール石関のオープンちらし

そのような映画を上映しているのはシネマ・クレールだけです。他にも海外の佳作が上映されています。貴重な映画館です。（岡山市南区・58歳）

私がこれまでに観た沢山の映画の中で1番好きなのが『ニュー・シネマ・パラダイス』です。シチリアの小さな村でみんなから愛され守られたパラダイス座という映画館。シネマ・クレールは、そのような映画館だと思います。支援の輪が広がって守られることを切に願っています。（岡山市南区・58歳）

住宅顕信さんという岡山生まれの自由律俳人を描いた映画『ずぶぬれて犬ころ』を観た記憶があります。このシネマ・クレールがなかったら僕は住宅顕信さんの生き様に触れることができなかったのかも知れません。（岡山市中区・42）

というやり方は決めていましたから。それしかやりようがないですから。

映画館というのは表面的にはお客様に応対する、それから映画を映すということですよね。映画を映せる人がいて、お客様応対をする人がいれば、別に僕がいなくてもやっていけるわけです。だから、僕がいるのは、お金の管理も含めて経営的なところと、あとは配給会社との交渉、それから総務的なことです。それはそこに常駐していなくてもできるわけですから、そこは別に何も考えなかったですね。

とはいえ、映画館のスタッフに不都合なことはなかったのだろうか。支配人が日中仕事で映画館から離れていることで、トラブルとか都合の悪いことは発生しなかったのだろうか。

記憶に残るほどのトラブルってことは

はじめまして

シネマ・クレールからのごあいさつ

シネマ・クレールといいます。Ｃｉｎｅｍａ　Ｃｌａｉｒ　です。

［Ｃｉｎｅｍａ］は映画、そして［Ｃｌａｉｒ］は、明るいとかきれいという意味です。明るい映画、きれいな映画ばかりを上映するわけではありませんが、そういう気持ちでわたしたちはこの映画館をつくりました。シネマ・クレールは小さな映画館です。

観たいと思っていても観ることのできなかった映画をひとつでも多くお届けできたらと思っています。

シネマ・クレールでお目にかかれることを楽しみにしています。

１９９４年１２月

レイトショー

シネマ・クレールでは、岡山で初めて本格的なレイトショーを始めます。まず、詩人であり、劇作家であり、画家であり、そして映画監督であったジャン・コクトーの特集です。

上映予定

クラブ・クレール

クラブ・クレールはシネマ・クレールを応援してくれる人や映画好きの人たちでつくるファンクラブです。（入会金　５００円　年会費　２５００円）

特典　１　シネマ・クレールを会員料金で利用できます。

特典　２　１回ご来館いただくごとに１ポイントのサービスポイントをさしあげます。ポイントによって各種の特典があります。

特典　３　クラブ・クレール会員のみ対象の上映会に参加できます。

その他　会報、試写会招待など各種特典

詳細、入会希望はシネマ・クレール窓口まで。

Cinema Clair

シネマ・クレールは各回完全入替制です。上映中は途中入場できませんのでご注意ください。

オープニングのあいさつ文

なにを観たか覚えてないのですが…仕事帰りにレイトショー。まさかの貸切で、贅沢な時間をすごさせてもらったのを覚えてますな。（岡山市・33）

だいたい日曜の夕方に、一体誰が観るのかと思うような音楽関連の映画を観に行きます。スクリーンまでのほどよい距離がミニシアターならではの親近感と安心感を与えてくれます。観客が少ない時は席が選び放題で音響効果をたっぷりと楽しめます。『タイム・リメンバード』は何故かほぼ満席になってて、ちょっと意外だったのがとても印象に残っています。（倉敷市・55）

夫と結婚前に観に行ったことがあります。（美咲町・40代中盤）

シネマ・クレールで観た沢山の映画の中で特に気に入った作品はＤＶＤで購入して手元に置いておきます。

なかったですね。クレームというのは大体決まっていて、遅れて来た人が途中から入れないためにブツブツ言うとか、飲み物を持って入ろうとしてそれを止められたことに苦情を言ってきたとかはありますけど。

ちなみに「シネマ・クレール」という名前は、どういう意味、意図があるのだろう。

「クレール」とはフランス語で明るいとかの意味があるのでつけました。映画館は暗闇で映画を観るためか、映画館そのものが暗い場所というイメージがあったので、そのイメージを払拭したくてこの名前にしました。

シネマ・クレール石関で上映した最初の作品は『トリコロール 青の愛』です。オープニングなので多少は目を引く作品でないといけないから、『トリコロール 青の愛』がちょうどいいのかなと思っていました。

観客の反応ということでいえば、それは常設館の方がいいですよね。やはりきっちりしていますから。それは良かったという反応ですね。

棚を見たら『ニュー・シネマ・パラダイス』『パンズ・ラビリンス』『シング・ストリート』『ライオン』などがあります。このような心が温まる作品を上映してくれる映画館の危機を助けたいと思います。どうか支援の輪が広がることを願っています。(岡山市南区・58歳)

お見合いでシネマ・クレールに連れて行っていただいた。印象がアップ笑。(岡山市北区・47歳)

20歳、はじめて一人で映画館にいき、自分だけの好みで映画を選んだ。大人になった気がした。(総社市・31)

岡山県外の映画館へ行ったことがない私にとっては、シネマ・クレールは唯一無二の場所で、映画館というよりライブハウスに行くような気分。本来が出不精なので週に1度しかない休日にシネマ・クレールへ行くのはちょっとした旅でした。シネマ・

例えばオリエント美術館だと、あそこのホールは100席です。3回上映して300人くらいが来る事もあったわけで、そういうことを思い描いていたわけです。
だけど、初日は、本当にお客様は来なかったです。しばらく来なかった。1日で300人が、2週間（の上映）で300人になっただけという感じでした。だから日々の入館者は少ないし、これでやっていけるのかなと思ったりもしました。

自主上映でやっているのは1日だけだから、その3回に皆さんが集中してきてくれるけれど、それが一週間やっているとなると、結局観る人の数は変わらずに、それが別の日に分散して来るだけということだったというわけである。

多少は増えたとは思いますけれども、最初はまだ認知度がなかったと思うし、まだ「何、それ?」という感じでスタートしたようなものなので、その後、入館者数は徐々に上がってきたと思います。

クレールで観てつまらなかったと思ったことは1度もないのですが、何が印象に残ってるだろうと考えたら余韻がすごかったのは『縞模様のパジャマの少年』『ユキとニナ』『全然大丈夫』……あと『堀川中立売』や『止められるか、俺たちを』の舞台挨拶も思い出に残っています。
（Aym・倉敷・33）

大学生の時は特に、石関町に通い詰めていました。これから上映される作品のチラシを集めながら、上映されるまでの期間を待ち遠しく感じながら過ごす日々。ミニシアターで観られる作品の面白さを教えてくれた場所であり、私の感性を育ててくれた大切な場所です。今の建物の外に咲いている植物たちも大好きです。
（沼本真季・岡山市北区・41）

家の近く、子どもの頃は夏休みのラジオ体操をする場所だったガソリンスタンドが、いつのまにかオシャレ

ミニシアターが岡山市内にできたことは、それなりにニュースにもなりました。その時の市民側の受け止め方は、好意的でした。それだけに、自分としてはもっと、少なくともオープニングのときは、(映画館前に)人がずらっと並ぶだろうくらいには考えていた。ところが、思うように入らなかった。ショックといえばショック。だから、よく僕は動物園のクマだと言われていました。入口の前であっちに行ったりこっちに来たりするわけですよ。向こうからお客さんが来ているかな、こっちから来ているんだろうかと気になりながらウロウロしていたので、そのことを形容されたんです。お客さんが最初からわっと来たというイメージはないですね。もう少しは来ると思っていたけど、でも、くじけはしなかったです。

配給会社との関係構築に時間が

初期の頃の経営的な状況はどうだったのだろう。

それは悪かったです。設備投資しているので、その返済があるし、厳しか

な映画館になって本当に嬉しかったです。(R・岡山市北区・44)

1回だけですが観に行きました。岡山にもこんな素敵な映画館があるのだと思いました。(Tiopepe・岡山市の端・68)

季節の移り変わり、生活の変化のなかで、シネマ・クレールで上映される映画に心を豊かにさせていただいてます。(Makoto・岡山市北区・61歳)

20数年前、シネマ・クレール近くの大学に通っていて、授業時間の合間や、学校帰りによく映画を観にいきました。一人で行ったり、映画の好みが合う他学校の友人と、待ち合わせをして観に行ったり。ふらっと寄ってチラシを見ては、「ああ、これは絶対観てみたい……」と思う作品と出会えてわくわくしたのも覚えています。

ったですよ。家賃もそんなに安くはないし。借りている建物ですもんね。家賃と配給会社への支払いと……あとは月々の返済ですね。それからスタッフへの給料もそうですし。3、4年は大変だったですね。

やはりそのお金の問題が一番大きかった⁉

ほかのことが別に順調というわけではないです。要するに、配給会社とのつながりをどうつけていくかというのが一番大きな問題だから、それには何年もかかったと思います。

簡単と言えば簡単なんだけど、平坦ではない。それはやはり今まで付き合ってくれていた配給会社は実績があるから、だいたい僕のことは分かるんです。でも初めて付き合う時に、しかも「新しく作りました。(映画館を)やっています」というだけでは、なかなかですね。

いま、子育てをしている中で、子どもたちに「自分がすごく好きだと感じる本、音楽、映画」は大人になった時にきっと自分を助けてくれるよと伝えています。他のことには優柔不断な私が、なぜか自分の中で確信を持ってそう言えるきっかけを作ってくれたのは、シネマ・クレールで観た数々の映画たちとあの場所の空気なんだと思います。(大分県別府市・40)

大切な人と観に来ました。静かな館内で、終わるまでずっと黙って……。映画の内容もとっても甘酸っぱい気持ちも、クレールだからできた思い出です。必ずまた一緒に観に来ます。(ゆっこ・岡山市北区・51歳)

シネマ・クレールの思い出は、ワタクシにとっては浜田さんの思い出だ。石関に最初のクレールが誕生した時に作った黄色いイチョウの葉のような色合いのポスターが、たぶんまだ

会社を辞めて映画館一本に

石関をオープンし、4年目の1998年（平成10年）になって、浜田さんは岡山ガスを退社する。49歳のときだった。

なぜ？　とよく聞かれます。それは辞めようと思ったからですよ。ここはちょっと難しいんですよ。

会社を辞めた翌年の1999年（平成11年）、イオンモール倉敷にシネコンが誕生している。一般的には地方にどんどんシネコンができてきたことが、ミニシアターに大きな影響を及ぼしたともいわれている。浜田さんが退路を断ってシネマ・クレールに専念しようという決意は、こうしたことも関係しているのかもしれない。

専念してもしなくても、厳しい状態にはなったんです。べつに経営が厳し

ウチの家の奥にある、と思う。
少し昔の話になるけれど、浜田さんと仕事柄知り合い、映画とその広さや深みや、いろいろな教えていただいた。知り合った当初はサラリーマンさんで、真面目な……つかみどころがないけれど形容するなら一言目はまず、真面目な、としか言いようのない佇まいだった。
クレール前夜の浜田さんは、淡々と定期的に、メジャー系には利益やら大衆マインドやらいろいろな意味でかからないたくさんの映画を自主上映しつづけていた。単発ではなく、コンスタントに。ある意味なにを言われてもなにがあっても。これはなかなか、単なる愛好家にはできないことだと、今でも思う。
でも、この人は一生こうやって生きていくのだろうなあ、と勝手にワタクシが描いていた浜田さんが仕事を辞め、なんと映画館を開館しますと言った時の驚きと言ったら！　他人から与えられる衝撃度の中でもなか

いから専念しようと思ったわけではないです。オープンしてから会社を辞めるまでというのは、だいたい順調に右肩上がりなんです。入館者数は伸びて来ていた。だから、辞めてもなんとかなるだろうという判断はあったんです。

映画館を続けていける確信というか、いけるだろうということは思っていた。それがあったから、辞められたというのもあります。

専念できるようになってから、シネマ・クレールの運営自体や上映作品の選択ややり方などに変化はあったのだろうか。

専念してから、べつに上映作品的に変わったわけではないんです。ただ、映画研究としての活動はしていこうとは思っていました。

具体的には、1年かけてやったのは、ひとつは、映画史の勉強会をやった。それから映画の制作も1年かけてやった。20人くらい集まって、最初の企画から脚本、絵コンテ、撮影、編集まで、一応全部やりました。もちろんプロを呼んでやるんですよ。東京で制作をしている人を呼んで、最終的にそれが

なかの上位クラスだった。しかも、言葉数が少ないと思っていた浜田さんが、饒舌に語り、あまつさえ昼間なのにビールを一杯だけ飲み、顔をほんのり紅潮させ、そして少年のような笑顔まで。ワタクシはあの時の空気感を一生忘れない。自分が、有名ではなくても魅力のある作品を多くの人に観てもらいたい、だけで私財を注ぎ込み、安定から離れ、慣れない運営をする。やはり映画は時にとんでもない跳躍や可能性を生むんだな、とその時ワタクシが感じたのは羨望より衝撃だったように記憶している。

その後、予想をはるかに超える本数の作品を岡山にもたらせ続けた浜田さんのシネマ・クレール。母がその映画館オーナーと知り合いとはつゆ知らぬ娘は、大学でまあまあな都市部に行き映研に入り、帰郷の際には、シネマ・クレールに行く。入室予約スタイルを含め、クレールLOVEに育ちました。

完成して、みんなでそれを観ようということで、その時には評論家も来て頂きました。そういうところまではしたんです。

研究活動や勉強会は、常設館を作ろうと思っていた頃からの一つの夢、目標だった。

そこまで具体的に考えてはいなかった。ただ、試写室があるということであれば、そこを何とか有効に利用しないといけないじゃないですか。それで、そこを利用するためには、何ができるかということですね。

面白かったですけれどもね。あとは映画史の講義もした。これも映画研究家に頼んで開催しましたが、実際に映画を観ながら、こういう作品がありましたということで、無声時代から現代に至る

『萌の朱雀』河瀬直美監督（1998年1月17日）

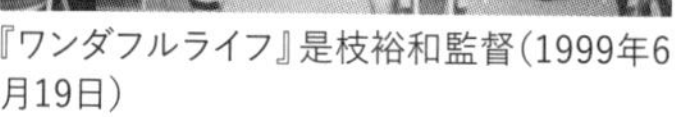

『ワンダフルライフ』是枝裕和監督（1999年6月19日）

ワタクシは、美味しいビール一杯、また浜田さんに飲んでほしいです。（中山美香・岡山市・51歳）

初めて利用したのは石関町で、観たのは韓国映画『シュリ』でした。当時岡山で「こんなミニシアターできたんじゃ、スゲー!?」と思って喜んだ覚えがあります。（畑中祥男・北区表町・60）

都内から地元に帰ってきて、嬉しかったことの1つがシネマ・クレールの存在。独身時代は毎週末通って、次に公開予定の映画で頭がいっぱいでした。（オガワユキヒロ・総社市・38）

岡山に住んでいた時気になる映画を主人と一緒に観に行くのが楽しみでした。近くを通る時は上映予定のポスターを眺め、チェックしたものです。シネマ・クレールがあるあの一帯の街の雰囲気がとても好きです。

までの主要な作品を観ながらね。

100%の再現を目指したスクリーン

2001年(平成13年)にシネマ・クレール2号館が丸の内(岡山市北区丸の内)に完成する。既存のビルに入居するかたちのミニシアターが多いなかで、珍しい「新築一戸建て」。全国のミニシアターファンの間でも注目を集めた。『ミニシアター巡礼』のなかで、著者の代島治彦はシネマ・クレール丸の内について次のように書いている。

「こんなミニシアター、みたことがない! 最高の環境だった。天井高10メートル以上ある空間、幅10メートルくらい、高さ7メートルくらいの大きなスクリーン。スクリーンに対置された客席の最前列と最後列の高低差は5メートル以上はありそうだ。よくみると座席の横列が湾曲し、スタジアムのようにスクリーンを囲んでいる。声を失う」

新しい映画館をと具体的に考え始めたのは、会社を辞めてからです。石関

また岡山に戻ったらシネマ・クレールで映画を観たいです。(西村香織・広島県東広島市・47)

私にとって非日常への入り口。いつでも駆け足で入っていった。片目の猫と椅子にどでんと座ってる猫が迎えてくれた。チケットを持った人たちが、ロビーに列をなしてる。あの椅子に座った瞬間、カーテンが開く瞬間の胸の高鳴りといったら!空間を含めて「映画」だったなぁ。(沖田さやか・広島県安芸高田市・36)

シネマ・クレールで映画を観るときはいつも一人でした。観たい映画があるときは一人で行って、観終わると岡山駅まで歩いて帰りました。何とも言えぬ高揚感に包まれているときもあれば、時には憂鬱な気持になるときも、映画の余韻を浸りたいときは途中寄り道をしてお酒を飲んだり、お茶をしたり、たまに買い物し

の映画館だけに人生を賭けることは出来ないと思ったし、また、設備的にも満足できるものではなかったから。

それで新館をつくることにしました。つくる以上、しっかりした映画館をつくるつもりで、土地を購入し、出来る範囲でこだわった映画館にしました。

まず場所が決まって、一から建物を建てる。新築の建物を使ったミニシアターなんて、全国を探してもそうあるものではないというが。

自分の思うとおりの映画館を作ろうと思ったら、そうせざるを得なかった。設計事務所とも協議を重ねながら、また、音響のプロにも助けてもらいながら何とか完成した。不満がない、と言えば嘘になるが、お客様には満足してもらえる映画館が出来たと思っています。

重視したのは、まず、音ですね。それからスクリーン、1枚もので穴も最小のものを使用した。そして座席のカーブ。基本的にはどこに座っても、スクリーンの中央に向かって座るようにイスを配置したかったのだが、ゆるやかなカーブしか作れなかった。それでも、観やすいとは思っている。

たり、振り返ってみればなんと贅沢な時間を過ごしていたんだと思います。（倉敷市）

10年前、中学生のころに少し背伸びして通いはじめました。職場体験までさせてもらって、予告編のフィルムをつないだのは得難い経験でした。映画を観たあと、駅までとぼとぼ帰る道のりが好きでした。『ミツバチのささやき』、『ユリシーズの瞳』、『トウキョウソナタ』……この場所で観た映画が、いまの自分を形づくっていると強く思います。（新谷和輝・東京都府中市・25歳）

私が一番映画を観ていたのは紛れもなく高校時代で。岡山のミニシアターである、シネマ・クレールに一番通っていたのもその頃。ミニシアターのかけ変わりは早い。中には1週間で終わってしまうものもある。一本の映画を観たら、予告編で次にみ

イスの座り心地がすごくいいということは評判になりましたね。キネット社製です。それほど高価というわけでもなくて、ノーマルなイスです。イスの柔らかさについても、実際に座って決めました。

丸の内も最初、スクリーンは1つでした。

最初は2つ作りたいと思っていたんだけど、予算の関係でできなかった。取りあえず1つにして、増設できるようにしておいた。

増設後、2008年（平成20年）に石関を閉めているが、丸の内に統合するため、という訳ではなかった。3スクリーン体制で営業したかったが、増設後すぐ岡山市にもシネコンができて、その影響かどうかは分からないにしても、来場者がどんどん減っていき石関を閉館せざるを得ない状況になった。

2つと3つのスクリーンでは、掛けられる作品の本数は全く違ってきます。多様な映画を2つのスクリーンで上映するためには、詰め込まなくてはいけない映画ができるのも当たり前の話だったので、その頃、毎週のようにシネマ・クレールに通っていた。月5000円のお小遣いとたまにあるおじいちゃんからのお小遣いとか、友達から流れてくる無料券とか使いながら、私の高校時代のお金はほぼ映画に注いでたし、シネマ・クレールに使っていたといっても過言じゃなかった。（勿論、当時シネマ・クレールの会員にもなっていた。）それでも足りなかったので、映画のチラシを持ち帰り、いろいろ想像したり、どれを観るかを悩んだりしていた。

高校で、お仕事インタビュー的なものがあって、学校の近くということもあって、私はシネマ・クレールを選んだ。電話をしてから訪問すると、館長さんは映画が好きな、面白いおじさんだった。

シネマ・クレールは実は結構ストイックな映画館だ。一度入ったら、基本的には入退場はなかったし、ポップコーンとかは勿論、飲食は禁止だ

丸の内内見会ではたくさんの人がお祝いにかけつけた

シネマ・クレール丸の内の内見会であいさつする浜田さん（2001年7月）

こだわってつくったスクリーンと観客席

丸の内オープン。たくさんの花に囲まれて（2001年7月）

丸の内オープンの受付（2001年7月）

った。入退場がないので、照明は本当に暗く、音にこだわりがあった。映画が大好きで、映画を心から楽しめるように、おじさんがつくった映画館なのだな、と話を聞きながら思った。館長のおじさんと話したアラバマ物語を帰宅途中にかりて帰って家で観た。面白かった。また映画が好きになった。

その頃、頻繁に通っていたこともあり、館長さんは時々、会釈で挨拶してくれた。館長さんはきっと私のことを覚えていないと思うけど、あの頃、映画大好きなおじさんがつくった映画館は、私にとって岡山のニュー・シネマ・パラダイスのように思えていたし、自分がトト少年のような気持ちになったものだ。

大学生になって、ちょっとずつ、映画館で映画を観なくなった。サークルと学業でなんだか忙しくなって、前のように毎週のように映画館、という習慣から少し遠のいた。それでも映画はやっぱり好きで、でもたま

なくなった。

シネマ・クレール石関で使っていた映写機などの機材は「シネマ尾道」に譲っている。

石関を閉館するとき、たまたまシネマ尾道が映写機を探していると聞きました。石関のイスは入れたばかりだったし、映写機も棄てるのはもったいないからということで、シネマ尾道に椅子と映写機を譲ることになった。

石関を閉めたことで、経営的には少し楽になったかといえば、そうではなかった。入場者が減った半面、丸の内の増築の分の借金が増えたから。計画通りの入場者数を確保できなかったから、苦しい状態が続いていますね。

そういうとき、支配人としては何を考えるのだろうか。例えば1000人来て欲しいところが70~80人では苦しい。売上目標到達に足りない状態なわけだから。支配人がそうした状況を打開するために取る施策としては何を考え、どうするのだろうか。

に無性にシネマ・クレールにいきたくなって、時折足を運んだ。私がシネマ・クレールからもらったものは沢山ある。久々にシネマ・クレールで観た映画のパンフレットを床に広げてみた。高校生のあの頃、映画館にいくと、なんにでもなれた。どこにでもいけた。

子どもができて、仕事も生活も忙しくなって、さらっと流しで観れる映画をDVDで観ることも増えた。それでも無性にあの映画館の、映画のためだけに普通よりもずっとずっと真っ暗に落とした映画館のなかで全集中して観る……あのシネマ・クレールの映画館の映画を恋しがる自分がいます。（河津泉・岡山市・34歳）

どうしても観たい映画があり、でもその日に限って子どもの機嫌が悪く家を出るのが遅れて、あげく一車線の国道はのろのろ運転の軽トラが前を塞ぎ進めない。何とか到着したものの2分遅れ。「津山から来たんです、

作品内容を考えることでしょうか。もしくは、イベントを計画するとか、まずはそういうことではないかな。内容を考えるというのは、月に10作品かかるとして、3作品はあまり人が来ないかもしれないが、でもこっちの3作品はたくさん人が来るだろうというような組み合わせを考えるということ。それはもちろん常時考えていることですね。

もちろん、たくさんの入場者が見込める作品ばかりを上映すれば、経営的にはその方がいいに決まっていますよね。それが可能かどうかは別の問題として。しかし、動員力が弱くても観てもらいたい作品が多くある。そんな作品を上映したくて映画館を作ったので、そのバランスをとるのが難しいと思う。

何が観たいのかがわかれば……

どういう作品だったら人が入るのか。

どうしても入れませんか?」と必死にお願いしたものの、答えは「ノー」。そういう気骨のある映画館。その時は悲しかったけれど、中で観ている人と、上映されている映画、そしてその空間を大切にする映画館。（堀川涼子・津山市・51歳）

子育てが一切りついた数年前、日曜日にふとゆっくり映画を観たくなった。何処で何を観るという前に、以前から気になっていたシネマ・クレールで観たい気持ちがあり、予定も見ないで来館しました。待っている皆様は自分より少し高い年齢の方々で、落ち着く雰囲気のロビーが気に入ってコーヒーを飲みながら、上映を待ちました。何を観たか覚えていないのが悲しいのですが、僕は何よりシネマ・クレールという空間を堪能しに行ったのだと思います。それからは上映スケジュールを確認して、興味ある映画を何本も観させて貰いました。素敵な思い出ばかりです。

お客さんが今何を観たいのかが分かれば一番いい。失敗がないですから。では、それはどうやったら分かるのかということなんですが、それはいまだに分からないです。そこが難しいところですね。

昔は前売り券の販売枚数が、ヒットするかどうかの一つの目安ではあったんです。でも、今はそれもなくなっているので、分かりづらくなっていますね。

そうはいっても、「もしかしたら入るかもしれない」と言う淡い期待を持ちながら上映することもありますよ。映画をかける以上は、「これは地味かもしれないけど、入ってくれるんじゃないかな」とか思う。

観客がどういう映画を観たいかということがわかれば……だけど、基本的にそれはわからない。僕が観たい作品とあなたが観たい作品は全然違う。そういう人が来るのが、ミニシアターの存在意義ともいえる。

そうだけど、ある映画を観たい人が1000人の集団なのか100人の集団なのかどうかなんです。100人の集団ならば、ちょっとやめておこうか

（ワッシー・倉敷市・56歳）

ある夏の夜にシネマ・クレールで「ロシア映画秘宝館」という特集で上映されているのを発見し、急に誰かと行きたくなり人を誘うも7人に断られて8人目にいいよーと言ってくれた友人と一緒に鑑賞しました。コンスタンチン・エルショフ 監督による『妖婆 死棺の呪い』。二人ともぶっ飛びました。その友人とはそれ以外に2人きりで一緒に出かけたこともなく、ロシア映画のノスタルジィも相まって、唯一の貴重な思い出として心に残っています。とにかく忘れられない夜になりました。（村上めぐみ・岡山市・40代）

私が初めてシネマ・クレールに足を運んだのは、『鑑定士と顔のない依頼人』という映画を観に行くためでした。赤いフカフカの椅子と、飲食をしないスタイルのおかげで作品に没頭出来たのを覚えています。その上

という感じになるし、時として100人と思っていたのが500人くらい来ることもある。取りあえず開けてみないとわからないです。

例えば『ムトゥ　踊るマハラジャ』（1998年）はブームになって、全国のミニシアターでもランキング10位以内に入るような当たった作品。岡山でも行列ができた。

そうでしたね、思わぬ大ヒットでした。それほどヒットするとは思わなかったけれど、蓋を開けてみると組んでいた回数では間に合わないほどだった。インド映画ブームの火付け役になった作品ですね。

あの頃は、まだミニシアターに元気があった時期。でも、今はちょっと状況が違うんです。

文化として映画を発信

2000年代の初めまでは、ミニシアターでかかる作品が話題になって、

映の予告編で『鉄くず拾いの物語』を観たのが、私とドキュメンタリー映画との出会いでした。あんな映画があるのか！と衝撃を受けてからは、岡山にいる間はたくさんのドキュメンタリー映画を観ました。私が今も映画館と映画を愛していられるのはシネマ・クレールとの出会いがあったおかげです。かわいい看板猫ちゃんと遊んでもらうのも楽しみでした。（もりいし・つくば市・32）

前売券を持ってワクワクしながら観た作品、どうしようもない気分を引きずって駆け込んだ先で観た作品、好きなひとたちと一緒に観た作品、どれも大切な思い出です。若い頃は刺激的な予告に勇んで観賞するも……居眠りをしてしまう……そんな繰り返しでしたが、最近は最後までしっかり観ることができるようになりました。少し大人になりました（笑）（匿名希望・岡山市・62歳）

当時のファッション誌なんかにでも映画評が掲載されていた。

そう、だから、とてもおしゃれだった。その当時はね。今はもうそれはなくなった。具体的にいつからとははっきりと言えないけど、10年くらいにはなるんじゃないかな。2010年位ごろが一つの分岐点になっていて、ミニシアターの映画人口にかげりが見え始めた。

やはりシネコンでしょうね。当時は「ミニシアターとか単館系の映画館」という一つのくくりがあったんですが、そこから1本2本とシネコンに流れていくようになってから、シネコンとミニシアターの垣根がどんどんなくなりつつあると感じている。

しかし、われわれがやらなければならないのはひとつの文化活動だと思っています。なので「文化として映画を発信していく」というところがやはりミニシアターの役割だろうと考えています。

もちろん、ビジネスとしても成立しなければ映画館として存続はできませんが、様々な国の様々な映画を提供することも一つの仕事だと思っているので、知らないと思う作品でもぜひ観て欲しいと思います。

岡山に引っ越しをしてきて、初めて外観を見た時観たかった『裏切りのサーカス』のポスターを目にして、シネコンではなく、ミニシアターがあることに自分の居場所を見つけて安心した。その後、なかなか足を運ばなかったが、何回か行くうちに『会員になれば…』と声を掛けて頂き、やっと本当の居場所になれた。（大貫かすみ・岡山市・56歳）

映画『タイタニック』が大ヒットしていた頃、私は中学生で映画に友達と行く機会が増え始めた頃でもありました。行く映画はシネコンでやっている映画が多かったのですが買っていたファッション誌に載っていた映画がミニシアター系と呼ばれる映画が良く紹介され更には60年代や70年代の映画もオシャレな感じで紹介されていたので自然とミニシアター系の映画に興味を持つようになっていました。しかし岡山ではなかなか

全国各地にミニシアターというものがあって、いろいろと苦戦もしているわけですが、その横のつながりといったものもある。

厳しい状況は続いている……

一本の作品の値段はいくらくらいなのか。例えば1週間の上映で、固定費で借りた場合いくらくらいなんだろうか。差し支えない範囲で聞いてみた。

それは配給会社との話になるので一概には言えないです。

今はコロナの問題で非常に厳しい状況になっています。それ以前に「こ

シネマ・クレール丸の内の外観（2001年12月）

観れないのだろうか？　そんなことを考えていた頃、どうやら岡山にはシネマ・クレールという映画館があるということを知ることになりました。それが私がシネマ・クレールとの出会いでした。高校入試のあとにシネマ・クレールを探しに行って自分が求めていた街の中にある小さな映画館が目の前に見つけれた日のことはその日の日記に書くほど興奮したことだったと思います。

そして丸の内がオープンの際に何本か上映していた中で『風と共に去りぬ』があると知ったとき、母親が好きだったので観に行ったら？って進めたこともありました。自分より先にシネマ・クレールに行った母親を羨ましく感じました。その後、私も母親と別の映画でしたが初めて石関の方を訪れた際、これからたくさんここで映画が観れるんだなぁと感じました。その後も古い映画のリバイバル上映やいろんな監督さんたちの舞台挨拶。丸の内と石関をはしごし

れはきつい。これは厳しいな」という時機はあったのだろうか。

それは、シネコンが出来た時。２００３年（平成18年）、直接的な影響が出ますね。シネマ・クレールの来客があっちに流れたこともあるし、作品もそう。その状況を、まだいまだに乗り切っていないです。乗り切っていないから苦しいんです。

浜田さんは、２０１７年（平成29年）に公益財団法人福武教育文化振興財団の文化奨励賞を受賞した。

増築前のシネマ・クレール丸の内の外観（2004年11月）

た日もありました。映画『ローマの休日』を観に行ったら周りがマダムばかりで最年少だったりとか。仕事のあと急いで夜の上映に飛び込んだことも。石関の二階から外を見ながら上映を待つ時間。丸の内で二階で待つ時間。そして残念だった石関の閉館。たくさんの思い出があります。そして身内の話になってしまいますが親族の字幕翻訳家を呼んでいただいたこと本当に嬉しい出来事でした。そして主人と最初の映画デートはシネマ・クレールでの『ティファニーで朝食を』でした。高校生の頃からお世話になっているシネマ・クレール。私の青春の始まりは映画と共にありその中でも大切なことはここで出会えた映画だったと思います。（亀田亜依子・岡山市北区・35）

映画館の無い田舎町に住んでいたので、初めてひとりで映画館に行った

経営環境が厳しく、多くの観客動員は見込めないなか「良質な国内外の映画を提供し続けてきたシネマ・クレールが、岡山の映像文化に果たしてきた役割は大きい」というのが受賞の理由だ。

浜田さんが岡山に帰ってきて、貧困な岡山の映画状況をなんとかしたいという思いから自主映画が始まって、今のシネマ・クレールがあるわけだが、そのことによって岡山の映像文化に対する市民の意識は、どう変わってきたのだろうか。

それは難しいですね。応援団ができて、いろいろなメッセージをもらっているじゃないですか。それを読む限りでは、やった意味はあったんだろうと思います。これはやはりお客様の判断ですから、取りあえず影響はありましたよということだと思います。あとはお客様にどう判断してもらえるかということです。

当館に限って言えば、オープン当時よく来てくれた人は、今は少なくなってしまっている。そして、その代わりに若者たちが来てくれているかというと、それもない、というのが現状だと思います。映画の魅力を分かってくれ

のが大学生になってから。そこがシネマ・クレールでした。当時レスリー・チャンに夢中で、スクリーンで観れる!と大興奮した思い出があります。(作品は『上海グランド』だった)(杉浦薫・岡山市・41歳)

ニコールキッドマンが大好きで、岡山でドッグヴィルを上映しているのはシネマ・クレールのみ。衝撃的な映画で、シネマ・クレールで観れてよかったなぁと思いました。(あや・岡山市・33)

2016年7月9日。シネマ・クレールの前にできた行列がどんどん伸びていくのを目の当たりにした時の感動は一生忘れられないでしょう。僕がつくった映画が初めて映画館で上映された日のことです。シネマ・クレールがなかったら、劇場用のドキュメンタリー映画をつくろうとは思いもしなかったことでしょう。(満田康弘・岡山市・58)

て、足を運んでくれるようにするために何をしたら良いのか、今は模索しているところです。

わかりやすいことが善のような、わかりやすさだけを追い求めていく風潮はいろんなところで感じます。例えば本の世界では、難解といわれる「純文学」が今はあまり読まれなくなっている、それと似たようなことなのかもしれない。

そうかもしれませんね。映画も同じようなことです。

映画は人それぞれの感性で観るもの

今回のクラウドファンディング（「ミニシアターを街に残そう！～シネマ・クレール存続プロジェクト～」）に寄せられた支援やメッセージを、浜田さんはどう感じているのだろうか。

石関町のシネマ・クレールにレイトショーでゴダール特集を観に行った。映画って時代なんだと感じた。2004年くらいだと思う。（松原龍之・倉敷市・43）

娘が初めて映画館で映画を観たのは、シネマ・クレールでの「それいけ！アンパンマン」シリーズ。石関町まで自転車の前部分に娘を乗せて行ったのを思い出す。始まる前は、目の前にある閉まっているカーテンがこわくて「帰る帰る」と泣いていた。ブザーが鳴って暗くなる。さらに怖くなったと思うがそれは一瞬のこと、部屋中に響き渡る音楽が流れ始め、母にうながされて振り返ると、色鮮やかな世界が家のテレビより何倍も大きい画面に広がっていたのだから、さぞかしびっくりしたことだろう。流した涙を拭くのも忘れてぴかぴかになった頬、まさにマンガみたいにぽかんと開いた口、瞬きをするのも

すごいと思っています。これだけたくさんの人が応援してくれているんだということは実感しています。このシネマ・クレールに期待されているところが多いのかなと思うと嬉しくなります。

映画が終わった後、いつも「いかがでしたか?」と聞かれたというコメントなんかも書いてあったのですが。あれは嫌らしいんですよ。すぐには感想を言えないと。

ぼくは聞きたいんだけど、観た方からすれば「観たばかりで(感想なんか)まだ整理がついてないのに」とよく言われる。良かったか、面白くなかったのか。それだけでもいいんです。

「面白くなかった」と言われれば、どういうところが面白くなかったのかを考えますすし、これからの上映作品に対してもっとみんなの期待に添えるような作品を選ぶという一つの参考にしたいと。

僕は、映画というのは人それぞれの感性で観るものだから、どういう意見を持とうがそれで何かを思うということは全くないんです。それが前提なんだけど、「この映画は面白くないよ」と言われたら、「どこが面白くないんだろうか?」と考えるし、「面白い」と言われたら、それは良かったと嬉しくな

忘れたかのように見開いた目。母は映画の内容は忘れたが、隣の席の娘の初体験中のさまは今でもはっきりと覚えている。

シネマ・クレール石関ではその後も何年か『アンパンマン』はモーニングで上映され、私たちは通った。何年か後に岡山市を離れ、シネマ・クレールに頻繁には行けなくなったが、ラインナップの案内を行く先々で手に入れては大事にとっている。その娘も今年大学生になる予定。年頃の娘と今度は何を観ようかなあと、今から楽しみなのである。(ピエールいけのうえ・総社市・51)

思い出というのもないんですが、妻がクレールで映画観るようになってもう20年以上でしょうか。最初に観たのはジョン・アーヴィング原作の『サイモンバーチ』だったと思います。(河本祥雄・岡山市北区・52)

石関で『サイモンバーチ』を観たの

ります。

テレビやラジオで浜田さんが最新作を紹介するとき、すごく楽しそうに紹介している。あれを聞くと「これは観た方がいいんだな」とつい思ってしまう。

僕はそこまで意識はしていないのですが。いろんな映画を知って頂ける機会を持たせて頂けるのは、有難い事ですし、嬉しい事ではあります。面白そうだと思えば是非映画

『ずぶぬれて犬ころ』での舞台あいさつする本田監督（2019年5月18日）

が初めて。石関と丸の内を行ったり来たりして映画を観たり、石関閉館や丸の内にスクリーンが増えたり、沢山の思い出と色々な作品を鑑賞させてもらっています。ちょっと目つきの悪いクレオくんに癒されてます。（Mawan・岡山市北区）

最初の出会いは石関でした。場所を間違えたことで、行った初日の事は少し記憶に残っています。１９９６年です。その後、ヨーロッパやＬＧＢＴの作品が思い出されます。振り返れば、すごく貴重な時間を頂いたと思います。レイトショーを観て映画館を出ると辺りは暗く、市電の音が耳に響き、異国の地にいるような素敵な余韻も味わっています。（赤磐市・50）

大学生の時、イギリス人の先生とクラスの皆で、イギリス映画を観に行きました。それからは、一人でいろ

館に足を運んで下さい。

（インタビュー：2020年6月16日／6月23日　シネマ・クレール丸の内で）

ミニシアターを街に残そう！〜シネマ・クレール存続プロジェクトのクラウドファンディングは、2020年6月5日にスタートし7月20日で終了。目標額の1000万円を大きくクリアし、支援総額は1133万円、支援者数は1087人にのぼりました。

んな映画を観に行ったり、友達と観に行ったり、たくさんの思い出があります。（倉敷市・43歳）

関東から岡山に帰ってきて個人事業主として独立しましたが、前に進めず悩んでいるときにシネマ・クレールでホドロフスキーの『DUNE』を観ました。作品に勇気付けられましたし、何より岡山でもこんな作品を上映してくれるミニシアターがあることを本当に嬉しく思いました。（澤田望・岡山市北区・51）

2003年〜2006年、一体何回通ったことか。石関と丸の内のハシゴはもちろん、メルパや、松竹系の映画館もハシゴ。首都圏から引っ越した私の、映画を観たい欲を満たしてくれたのは、シネマ・クレールでした（飽きたらずに広島や大阪・神戸にも行きましたが）。石関の椅子に会いたくて、シネマ尾道にも行かなきゃと思っています。（越智あい・

【参考文献】

代島治彦『ミニシアター巡礼』大月書店
映画芸術編集部　映画館のつくり方　ACBooks
乾一雄『舞台に夢よせて』手帖舎
山本遺太郎『岡山の演劇』日本文教出版岡山文庫１１３
映画芸術２０２０年春号　４７１　編集プロダクション芸映
「キネマ旬報」２０２０年６月上旬号№１８３９　キネマ旬報社
「キネマ旬報」２０２０年６月下旬号№１８４０　キネマ旬報社
大高宏雄『ミニシアター的！』ＷＡＶＥ出版

神奈川県川崎市・52歳）

大学生になったばかりの頃、休みの度にシネマ・クレールに映画を観に行っていた母。時々付いて行って一緒に感動を共有しました。大きな映画館が出来て、話題作と呼ばれる大きなタイトルを観にそちらに行くことはあったけど、気になってるんだよなぁという映画は結局シネマ・クレールに2人で行って、じっくり観て、帰りの車の中で思い出すシーンをポツポツと話し合いました。父を高三の夏に亡くして、何かを癒したり、忘れたり、休みを埋めるように通い詰めた小さな映画館が私たち母娘にくれたものは決して小さくありません。（相模原市・32歳）

娘と『キサラギ』を観て思い出を共有できたこと。（上垣裕司・岡山市）

あまり映画を映画館で観て来なかった自分に、映画館で映画を観る楽しみを教えてくれた映画館。仕事が終わった後、あるいは午前の空いた時間に映画を観るのは、本当に至福のひとときだった。いまは引っ越してしまって観に行けないけれども。うちの近くのミニシアターもだが、本当に生き残って欲しい。上映される映画の多様性のために、そして、それが形作っていく未来の人々のためにも。(新美哲彦・川崎市・もう50歳になってしまいました)

新藤兼人『一枚のハガキ』想田和弘『港町』(藤原峰・秋田市・55歳)

1981年高校卒業後岡山を離れ、2013年に親の介護のために32年ぶりに岡山に戻ってきました。そこでシンフォニーホール、丸善と並んでシネマ・クレールがあることを知り早速会員になりました。まさか岡山にミニ・シアターがあるなんて。しかも選りすぐりの映画ばかりではありませんか。日常に追われてなかなか映画を観に行く時間は取れませんでしたが、それでもシネマ・クレールがあることがどこかで心の支えになっていました。介護に疲れた心が癒されたことも度々です。介護が落ち着いた今から再度会員になり、京都での学生時代のように毎週はむりにしても毎月映画を楽しみたいと思っていたところです。(佐藤康司・岡山市・57歳)

ドキュメンタリー映画でいつも気づきをいただいています。(Reiko・岡山市・44)

岡山市には、社会派映画を上映する所がないと思っていたら、シネマ・クレールがありました。観に行ける回数は少ないですが、心に残る作品多く楽しみにしています。(高橋直己・岡山市南区・72)

一人でも安心して観られる、それがシネマ・クレールです。いろんな物語のヒロインになったり、知らなかった社会問題にふれたり。泣いたり、笑ったり、昔の自分や未来の自分に出会ったり。心を揺さぶられる素敵なタイムカプセルです。(めめ・瀬戸内市・52歳)

夏祭りの日、喧騒を離れて映画を観た夜。別世界のような静かな空間で良質な作品を楽しむことができました。(T.Kumiko.O・岡山市)

岡山芸術交流2019の際に初めて訪れました。シアターは超満員で、終映後は皆さんがそれぞれに感想を話されていたことが、純粋にいいなあと思いました。芸術によってまた新たな芸術が生まれ、私自身も新しい私を発見できたように感じます。(島根県・28)

広島から20年前にやってきて以来、雨の日、雪の日、台風の日、晴れの日と、随分沢山の映画を、観に行きました。素敵な映画をいつも上映して頂き、ありがとうございます。これからも沢山通うと思いますので、よろしくお願い致します。(福嶌良司・岡山市北区奉還町・59歳)

転勤で岡山に来て、どうしよう……と思ったものでしたが、シネマ・クレールがあったことで随分と救われました。チケットを買って受付番号が遅いと、「たくさんお客さんがいるんだ!」と嬉しくなるくらいには、シネマ・クレール・シンパです。(岡山市)

もう20年くらい前でしょうか。友人に教えてもらったのですが、トーキングヘッズ主演の『ストップ・メイキング・センス』をやっててビックリでした。学生の頃からの愛聴盤でしたが、映画は見逃がしたので(リバイバル上映だったようですが)シアターで観られて感激でした。『2001年宇宙の旅』もシアターで観られるとは思いませんでした。他、泣けた作品もあり……。
（倉敷市・54歳）

岡山県民ではないですが、何度か訪れました。最初に観たのは、ランボーに憧れる少年たちを描いた『リトル・ランボーズ』という映画でした。昨年、求職活動で岡山に行った帰りに、久しぶりにシネマ・クレールで『国家が破産する日』を鑑賞しました。半円型の座席が懐かしかったです。
（徳島県三好市・46歳）

シネマ・クレールに行く日には、爪を綺麗に塗り直し、お気に入りの服で身を包みます。うきうきした気持ちを秘めながら路面電車に揺られ、今日は猫ちゃんたちに会えるだろうか、と考えます。高校生の時『ムーンライト』が県内で上映されないかと探していた時に見つけたのがシネマ・クレールでした。小さな建物の中に、無限の世界が広がっている。あの時一瞬で宝物となったシネマ・クレールは、いつだって私の心の拠り所です。大学とアルバイトで平日疲れ果てていても、週末にシネマ・クレールに行くという予定を入れているだけで頑張れます。『５００日のサマー』に出てくるような真っ赤な座席に身を沈めるあの瞬間、予告を観ている静かで優しい時間、建物を出て余韻に浸りながら帰途につくあの感じ。半券をノートに貼り感想を書くまでが、たまらなく愛おしい時間です。（総社市・20）

いくつか、思い出に残る映画があるのですが、一番はやはり、熊本の震災の後、その復興支援のためにつくられた映画を観に行ったことです。『うつくしいひと』というタイトルで行定勲さん監督、女優の橋本愛さんと政治学者の姜尚中が主演なのですが、多くの熊本出身の方々が出演されています。僕も震災の後は熊本に行き、現地のＮＰＯの方々のご支援が何かできないかと寄付集めをして、現場をまわって助成先を見つけて、資金支援の活動をおこなっていました。岡山でも２０１８年に水害がありましたが、災害は自然という人の力では抗いがたいものによってもたらされるものですが、そこから立ち上がろうという力やかけがえのない日常の美しさ、特に後者を映画から感じました。２０１８年の水害の際にも「日常を取り戻す」が自分の中のテーマというかスローガンでしたが、それはクレールでこの映画を観れたことによる影響も大きいと思います。（石原達也・岡山市北区・43歳）

第2部

シネマ・クレールへのエール

映画人・監督・支援者からの応援メッセージ

CINEMA CLAIR

映画人・監督からの応援メッセージ

塚本晋也さん（映画監督・俳優）

表現の多様性こそが最も大事なこと。さまざまな個性あふれる映画を上映してくださるミニシアター。それこそが文化の宝。その中でもシネマ・クレールさんは、一から作り上げたミニシアターの中のミニシアター。

音響にこだわり、美しい建築美にも目を見張らせ、最高に贅沢な空間で映画体験をさせてくださいます。これからも岡山の大切な文化のためにミニシアターの灯を灯し続けてくださいませ。

鈴木卓爾さん（映画監督・俳優）

全国のミニシアター救済の動き（ミニシアターエイドなど）が、映画館の灯を街から消さないように、映画が映画館で観続けられる事を守ろうとする人たちの手によって行われて来ています。

各地のミニシアターでは、入場者数を半分に減らすなど、一定の制限を設けて観客の安全に配慮して営業が再開されていますが、平常時に比べて劇場収入の激減は避けられず、私たちの街のミニシアターを失ってしまうかもしれないという危機は続いています。

ミニシアターは、大手の資本力のある映画館チェーンとは違い、一店舗の独立した力でお客さんに観てもらいたい作品を配給会社とのやり取りの上決定して上映する、街の商店的な劇場がほとんどです。岡山シネマ・クレール丸の内も、独立した一つのお店です。ですが、そこに集まってくる世界中の映画作品と、ご自宅ではなかなか得られない音の環境で、知らない人たちと暗闇の空間に居合わせて出会う場としては、図書館や美術館と同等の、街にとってかけがえのない文化的公共施設といえます。一つの作品をめぐって様々な感じ方や考え方が交差するこの場所を、街から失ってはいけないと考えます。

ミニシアターがある街は今では減りつつあります。岡山シネマ・クレール丸の内や岡山メルパの周辺には、東は神戸映画資料館や元町映画館のある兵庫まで、西は福山シネマモードやシネマ尾道などがある広島まで、ミニシアターと言われる場所はありません。

山陽線に乗って岡山駅で降り、大通りに路面電車が走るその先を辿るように歩くと、映画を上映するためだけに建てられた上品な建物が見えて来ます。それが岡山シネマ・クレール丸の内です。この劇場で、これまで私は様々な作品と出会いました。もちろん、私が作り手としてたずさわった作品も何度も上映していただき、多くのお客さんに観ていただいて参りました。

映画を観に出かけるのは小さな旅のようなもので、その過程と作品の時間、また帰り道の時間とで、お客さんの中にお客さんだけの物語が完成する楽しみは、とてもシンプルな、でも言葉にならない格別の体験です。今ではそういった街に呼ばれるような出来事に、時間を作って出かけていく事は年齢に関係なく少なくなりつつありますよね。時間をたくさんつくって、同じ季節にたまたまラインナップされた別々の作品を何本か立て続けに鑑賞するのも素敵な映画体験の一つですね。湧いてくる感慨と記憶は、セレクションしたお客さんだけの特権となります。

岡山シネマ・クレールの劇場ロビーには、看板猫のクレオさんとモモさん、犬のユキさんもメンバーとして劇場におられ、みなさんが楽しみにして来た映画と、運が良ければクレオさんやモモさんやユキさんや、スクリーンに向かう階段の光景が、館の外を走り過ぎる路面電車が、映画体験と一緒になって記憶に残っていく事でしょう。

どうかいつまでも、岡山シネマ・クレール丸の内が、岡山にありますように。その為に、出来る事をして行きたいと思っています。映画を観ることから同じ気持ちを感じてくださっている皆様も、是非応援をよろしくお願いしたいと存じます。それは、映画を岡山シネマ・クレールに観に行く事と、そして、少しづつの支援をこのクラウドファンドで検討していただく事です。長い文章を最後まで読んでいただき、ありがとうございました。

片嶋一貴さん(映画監督)

岡山といえば、バラ寿司にファジアーノに

映画の冒険に木村屋のパンに天神そばにカラス城、そしてシネマ・クレールだ。どれがなくなっても、ボクの中で岡山でなくなる。岡山が岡山であるために、シネマ・クレールは、映画及びミニシアターが多様な価値を発信する文化基地として存在する使命を背負った、絶対必要空間であり続けることを切に願う。

想田和弘さん（映画監督）

岡山は僕の第二の故郷で、妻であり僕の映画のプロデューサーである柏木規与子は岡山出身です。そしてシネマ・クレールは、岡山県内唯一の単館系ミニシアターです。

僕らの全監督作品を含め、ドキュメンタリー映画やアート系映画など、シネコンではかからない多種多様な映画を上映してきた、極めて重要な文化施設です。

（可愛い看板ネコちゃんやワンちゃんもいます。）

そのシネマ・クレールがコロナ禍で存続のピンチに立たされています。

ここがなくなってしまったら、年間数百本の映画が発表の場を失ってしまいます。

岡山県の皆さんは、そうした映画を観る機会と憩いの場が失われてしまいます。

本来ならば政府が補償や支援をすべきですが、待っている間に潰れてしまったら元も子もありません。ここはぜひとも皆さんのお力で支えてください！

前野朋哉さん（俳優・映画監督）

岡山出身で俳優、監督の前野朋哉です。

コロナウイルス感染予防に伴う自粛により、映画館が今厳しい状況にあります。

特にミニシアターは各映画館がその土地特有の文化や小規模の映画を支援していることもあり、もともと潤沢な予算があるわけではないので、映画館の存続に影響が大きいのです。

岡山県唯一のミニシアターであるシネマ・クレールもその一つです。

岡山で仕事がある際、シネマ・クレールの前を通って上映ラインナップをチェックすると、日本だけでなく世界各地の粒揃いの映画を上映しています。東京や大阪などの主要都市と比べられても遜色ない、岡山にとって世界と繋がれる誇れる場所だと僕は思います。

僕が、岡山にいた高校生の頃、とても冴えない人でした。ただ映画が好きで、その時話題になっていた、映画『ピンポン』は、岡山ではシネマ・クレールでしか上映してなく、背伸びをして初めてシネマ・クレールに足を運びました。いつもの映画館よりもどこか大人な空間、何となく感じる文化としての映画の佇まい。ちょっと緊張してパンフレットを買った事など。あの夏に初めてのシネマ・クレールで感じた出会いは今でも映画体験として心に残っています。

僕がそうであったように、岡山であなただけの映画に出会う機会を失って欲しくない。

文化的にということだけではなく、娯楽と

しての映画を泣いたり笑ったり興奮して楽しみたいです。

それが、そこでしかやってない、自ら発見し足を運ばないと観られない映画であれば尚更特別なものになります。

それらの作品はきっと観た人の生活を、人生を豊かにしてくれると僕は思います。

そのためにもシネマ・クレールには今後も岡山で上映を続けて欲しいのです。

映画館だけでなく、今世界のみんなが、とても大変な状況だということは重々承知しております。

その中でも無理のないところでご協力していただけると嬉しいです。

映画に携わるものとして、そして、僕に世界を開いてくれた場所がずっと続けられるように。

また普段通り映画館で映画が観られる日を願っています。

荒井晴彦さん（脚本家・映画監督）

23年前、「身も心も」で呼んでもらったのが最初だった。それから「戦争と一人の女」「海を感じる時」「この国の空」「火口のふたり」とシネマ・クレールには5回もお世話になっている。その都度、岡本安正には美味しいものをご馳走になって、岡山行きは楽しみだった。

麻生太郎財務大臣が、新型コロナウィルス感染症による死者が、米英仏より少ないのは、「国民の民度のレベルが違う」からだと言ったらしい。「未曾有」をミゾウユウと読んだ人が「民度」なんてよく言うよなと思う。しかし、「秋田ルミエール」が閉館したと聞いて、思わず秋田市民の「民度」低いなあと思ってしまった。「火口のふたり」はご当地映画なのに、秋田ルミエールに客は来なかった。シネマ・クレールを生かすも殺すも岡山市民にかかっている。いま、岡山市民の「民度」が問われている！

行定　勲さん（映画監督）

シネマ・クレール応援団の皆さん、そして岡山県の映画ファンの皆さん、こんにちは。映画監督の行定勲です。このコロナ禍における皆様の大変な状況というのは手に取るようにわかります。特にミニシアターは非常に踏ん張っていかなければいけないという窮地に陥ってきたこともすごくよくわかっております。やはり、まちに根付いた「シネマ・クレール」のような映画館というのは絶対に必要だと思います。私も熊本の地震の時にシネマ・クレールおよび岡山の皆さんにチャリティ上映で「うつくしい人」「うつくしいひと　サバ？」をかけていただいたという経験を非常に感謝しています。

これから、映画界も疲弊してますが必ずまた心に残るいい映画を作っていこうと思っておりますので皆様のもとにまた届くためにみなさまと共に、一緒に、頑張っていこうという風に僕自身も思っております。シネマ・クレールにいつか行ける日のことを楽しみしてますし、皆さんとお会いして、また一緒に映画のことを話したりできる日のことを心から願っております。シネマ・クレールがんばれ！

（応援サイトに寄せられた文をそのまま掲載しています）

必要とされ愛されている場……シネマ・クレールへの応援メッセージ127人

クラウドファンディングサイトに寄せられた支援者のみなさんからの熱い応援メッセージです。ページの一部省略・編集している個所もありますが、ご了承ください(順不同)。

本当にいま大変なときだと思います。なるべくなら毎日でも通いたい気持ちはあるのですがそうもいかないのでささやかながら応援させていただきます。何かできることがあればいいんですが!(ayo・倉敷市・42)

夕方の17時以降の上映が、仕事帰りの気分転換に……。(H.Y・倉敷市・当時は40代でしたら。)

今は、車で、1時間半の場所に居住しています。帰省した折に、是非、伺います!(KANAZAWA Kyoko・兵庫県姫路市・51)

いい映画館ですきです。是非続けて頂きたい。いつもありがとうございます。(kyoko・岡山市北区粟井・46)

仕事が忙しい日々でも、シネマ・クレールの上映スケジュールだけは欠かさずチェックしています。どの映画を観に行こうか迷う時間までもが楽しいです。岡山に来て、シネマ・クレールを知られてよかったなと思える瞬間です。これからも人々の心をとりこにする映画をたくさん上映して、日々頑張る力をみんなに与えてほしいです。(nanako・岡山市中区・23)

大変な状況だと拝察いたします。上質の映画上映のため、よろしくお願いします!(Naoko Kawada・岡山市北区)

いつも応援しています。なくては

困る存在です！（pieni..・岡山市北区・48）

記憶に残る映画に出会える場所！背中を押してくれた場所！今度は私たちが背中を押す番です。是非、まだまだ一緒に歩んで行きましょうね。（teresa323・倉敷市・54歳）

9：1の割合で、大きい映画館にくらべて圧倒的にシネマ・クレールで映画を観てます。岡山の貴重な文化ゾーンです。（Yoko.T・岡山市中区・57）

これからも見えない何かが押し寄せると思いますが、一緒に乗り越えましょう！（yujikinyoue・倉敷市・47）

映画は私にとって様々な価値観や文化、歴史を教えてくれる先生です。シネマ・クレールを支えているスタッフの皆様、そしてミニシアターの灯をともし、守り続けている浜田さんに心から感謝しています。これからも、この灯をともしつづけましょう！（えみっち・玉野市・46）

たまにしか行けないけど、行けなくてごめんなさいだけど、絶対に行くので無くなりませんように！（オオミマイ・神戸市）

クラウドファンディングを待っていました！！！（お殿・岡山市・48）

先日、「白い暴動」を観にいきました。観客動員が望めない、ロックンロール・ムーヴィーも上映してくれる、シネマ・クレール、これからも観てサポートします。（コージー中村・岡山市・５９）

今は県外ですが、岡山のシンボルで、今後も残すべきと思っているので是非是非頑張ってほしい。（スワキタカトシ・東京・43）

大型シネマでみられない感動を！それはシネマ・クレールです。（たかはし・新見市・43歳）

シネマ・クレールさんのおかげでたくさんの映画と出会い、映画と向き合うことで人生を学ばせていただいてます。人生を豊かにしてくれる大切な場所です。いつもありがとうございます。（なんはいず・岡山市・35歳）

いつも大変お世話になっております。感謝しています。クレールが無くなってしまっては本当に困ります。このような、私たちが気軽に参加できる提案をどんどんして頂きたいです。

ありがとうございます！（のんちゃん・岡山市・52）

シネマ・クレールさんに足を踏み入れた時の、空気感が好きです。背をただして、映画を鑑賞する気持ちになれます。（ふじまり・岡山市・40）

維持継続には大変なことが多いと思いますが頑張って下さい。きっと必要な人にとってかけがえのない時間と場所になります。（ホントキキトホン・真庭市・57歳）

いつもそこにある場所。ふと思い立っていく場所。コロナで一番心配した場所です！（まゆみ・備前市・43歳）

これからも岡山に質の高い映画を届けてください。（みお・岡山市・34）

どうぞ、どうぞ、永遠に岡山の映画館であってください。（みごなごみ・岡山市・56）

岡山の文化を支えるためにも今後の存続が大切です。（井手幸一郎・岡山市・71歳）

存続に向けて応援します。きっと多くの支援が集まると思いますので、その際は未来に向けて新しい価値観を提供して頂けることを願っております。（越智輝佳・岡山市北区庭瀬・38歳）

シネマ・クレールは場所的にも便利なところにあるし、いわゆる商業映画だけではない硬派な映画も上映してくださるとてもいい映画館だと思います。これからも存続してほしいです。クラウドファンディングをされるときは、FBなんかで連絡してください。少しでも協力させていただきたいです。（匿名希望・津山市・54歳）

コロナの中大変ですが頑張りましょう！出来る限り応援したいです！（岡田・岡山市・30）

とても心配していました。シネマ・クレール単体に支援できるクラウドファンディング が立ち上がるといいなと願っていました。自粛期間中、観たい映画がたくさんありました。この先もわたしの観たい映画の多くはここでかかると思います。応援しています。また行きます。たくさん。（角ひろみ・岡山市北区・45）

生まれて初めて映画の梯子をしたのがシネマ・クレールでした。これからも観に通いたいので、頑張っていただきたい！（寒川茂高・倉敷市・48歳）

実は私も今回のことで厳しい状況です。自営業なのですが仕事が3月からほとんど無くなってしまったからです。ダメージは大きく、これからどうしようか?と悩む毎日ですが早くなんとかしてなければと思う毎日を送っています。でも、多分しばらくは時間があるので（笑）そろそろ私にとっての心の拠り所である大事な時間を取り戻すためにシネマ・クレール さんへ足を運びたいと思います。そちらで観た映画はノートに感想を詳しく書いていて、私の財産になっています。微力ではありますが応援しています。これからもよろしくお願いいたします。（吉井江里・岡山市・57歳）

いつも本当にありがとうございます。シネマ・クレールが大好きです。（原明子・岡山市）

今後とも隠れた良作を観せてください。（後藤孟・瀬戸内市・36）

いつも素敵な映画の上映、ありがとうございます。思い出がいっぱいのシネマ・クレール。これからもずっとそこにあって欲しい。心より応援しております。（後藤弥生・神戸市・33歳）

ぜひ応援チケットを発売してください。（江見優子・岡山市北区・55）

映画館、特にミニシアターがあることは、その街の文化度を表すものだと思います。これからも名作・佳作をどんどん発掘して上映してください。できるだけ観に行くようにします。また、寄付・カンパが必要なら協力いたしますので、頑張ってください。（高坂博士・倉敷市・58歳）

シネマ・クレールのような映画館がある街は豊かな街です。続けて

ください。（細井眞子・東京都・51歳）

地方でのミニシアター、大変だと思います。でも、製作者たちのメッセージを直接、しかも大きく受け取れる映画館は、テレビやネットにはない醍醐味があります。世代を超えて、国境を飛び越えて、心の銀幕に包まれて、ひとりで、そしてみんなでひと時を過ごしてほしい。そんなファンをもっともっと増やして、がんばって下さい。（三上光之・名古屋市・55）

朝から夜遅くまで、毎日映画館を開いていて下さること、本当に感謝しています。そういう風にしてくださることはとても嬉しいことなのですが、コロナ禍の中で、それはちょっと観客のわがままがすぎるのじゃないかな……などと思い始めました。再開されましたが、無理はされないで末永く続けてくださいね。（山崎正之・岡山市・66歳）

映画が大好きな人達は落ち着いたら、必ずまたシネマ・クレールさんに映画を観に行く事を楽しみにしていますので、今は本当に大変な時期ですが、どうかみんなで頑張って乗り切りましょう！スタッフの方達も、どうか、お体を大切になさってください。（森長瑶子・岡山市・36歳）

本当に大変な時期だと思いますが、地方都市にもこういう映画館は必須です。ぜひとも続けてください。（水田美由紀・岡山市・55歳）

新型コロナの影響で大変な苦労をされているかと思いますが、乗り切りましょう！支援出来る人は岡山県内に限りませんので、支援が必要なときは声を上げてください。

シネマ・クレールさんのようなミニシアターが残っていくことは、我々人類に今のような世の中だからこそ必要です。応援しています。（杉山仁志・静岡県湖西市・31）

岡山の中心で、コレからも映画の魅力を発信し続けてほしい！（石原知喜・岡山市中区・39）

まちにミニシアターがあることで、その町の学びや意識、気づきは格段に高まると思います。ミニシアターのある街であるために、私もできる応援をさせていただきたいと思います！（石田篤史・倉敷市・

42）

東京で生活していて、シネマ・クレールさんが懐かしくてなりません。東京ではミニシアターがどんどんなくなり、都市開発が進み、形ばかり整えられて本来の文化の発信地が少なくなってきています。そういう意味で、「地方だから大変」というよりは、時代に飲み込まれず「地方だから残せる」のではないかと思っています。ささやかですが、応援させてください。私にできることは帰省のたびに映画を観ることくらいかもしれませんが、新幹線でやってくる観客もいますので、素敵な映画をこれからも上映し続けてください。（石田芳恵・東京都中央区・40代）

なくてはならない映画館なので、ぜひこれからも頑張ってください。（川口達也・岡山市中区・51）

現在は岡山市内から引っ越してしまい、頻繁には行けなくなってしまいましたが、ラインナップはいつもチェックさせて頂いております。コロナ収束したらまた行かせて頂きたいです！（村上トモミ・新見市・40代）

シネマ・クレールでしか上映できない作品など日常の中に特別な機会をいただいているので、近くに暮らしているので、たくさん恩恵を受けてます。本当に大変な状況かと思いますが、頑張ってください！（打谷直樹・岡山市北区出石町・39歳）

コロナショックを乗り越えられるよう、応援しています。（大塚愛・岡山市・46）

岡山のみんなで協力してシネマ・クレールは守りたいと思います。（鄭健剛・岡山市北区天神町・53）

石関町の頃から、館長の浜田さんの映画に対する思い。スタッフさんの頑張り。ネコちゃんたち、ゆきちゃんのアットホームな雰囲気がとても好きです。応援させていただきます！フレーフレー！シネマ・クレール！頑張ってください。（鄭燕好＝ていえんこう・東島田町）

ミニシアターのあるまち。みんなで守りたいと思います。（島津幸枝・瀬戸内市・44歳）

当時の私に居場所を与えて頂きありがとうございました。今は子育て等環境の変化でなかなか利用させて頂く機会がありませんが、またいつか、その雰囲気に浸らせて頂きたいと思います。（東馬場洋・笠岡市・39歳）

大好きな映画館です。岡山では貴重な映画館！（匿名希望・岡山市中区・46）

自粛ムードで大変な時期でしょうが、あまり言葉にはなりませんが、完全自粛が終わったら訪れたいです。（凪羅・岡山市）

シネマ・クレールがないことはありえないです！（福圓涼子・岡山市、出身は玉野市・42歳）

素晴らしい作品に出逢わせてくださるシネマ・クレールさんにいつも感謝しております。これからもどうぞ末長くよろしくお願い申し上げます。（片山布海子・岡山市中区平井・46歳）

大手の商業映画しか観られないなんて絶対嫌だ!岡山の文化の下支えをしてくれているシネマ・クレール、応援します。

自粛によって生まれた損害補償金の要望を政府に求めましょう！（保科歩美・岡山市・38歳）

人と人の生活は、われわれの思惑を超えた自然現象、たとえそれが限りなく人災に近くても、そんな現象にどうしても左右されます．不安定でしかない社会の中で、ほんとうに大切で、ほんとうになくなったら途方に暮れるしかないお店や映画館が岡山にも二、三あります．個人的に二、三という意味です．クレールさん、なくなったら困るんです．踏ん張ってください。（野呂・岡山市・49）

今まで、たくさんの人がシネマ・クレールでかけがえのない素敵な時間を過ごしてきたと思います。わたしもその1人です。いつも快適な環境を提供したくださり、また、寄り添ってくださりありがとうございます。シネマ・クレールが好きな皆さんにはたくさんのパワーがあると思っています。わたしも微力ながら応援させていただけたらと思います。（有果・岡山市・33歳）

本当に観たい映画を上映してくれるので、続けて行って欲しいです。（岡山市北区・48歳）

大好きな映画館です！（岡山市・43）

シネマ・クレールで上映される映画大好きです。大変な時期だとお察し致します。頑張ってください。応援します。（岡山市・37）

生活の中で、日常を忘れてリフレッシュできる大切な空間です。これからも岡山に豊かな映画生活を提供してくださることを期待しています。頑張ってください。（福山市・35）

映画も欧州に比べて、日本では上映作品が限られていると思います。日本の映画文化を絶やさないためにも頑張って下さい。（Frankfurt am Main Deutschland 53）

いつまでも続けていただけるようこれからも観に行きます。（岡山市・42）

ここでしかみられない良品をたくさんみました。イベントも舞台と客席が近くて盛り上がります。絶対に消してはいけない灯をこれからも灯してください！（岡山市）

自粛で休館を余儀なくされて経営が大変だと思います。私は仕事が忙しくて行けない時もありますが、次に行った時には寸志ですがカンパさせていただきますので、この危機にどうか心を折られませんように。応援しています。（岡山市南区・58歳）

どうかこの新型コロナウイルスを乗り越えることができますように。ずっと城下のシンボルでありますように。（岡山市中区・42）

映画本編だけでなくシネマ・クレールの素敵空間だからこそ、いつも楽しくて幸せな時間を過ごさせてもらってます。（岡山市・33）

大手シネコンでは絶対にかからない映画を上映してくれる大事なミニシアターです。都会まで高い交通費を払って観に行かなくてもよくなりました。とても大切な、岡山が誇る映画館です。これからもずっと長く続けて欲しいです。（倉敷市・55）

街の小さな映画館を守り続けてくださり、ありがとうございます。これからもよろしくお願いいたします。（美咲町・40代中盤）

気になる映画も調べてみるとかならず上映予定に。清潔でみなさまマナー良く気持ちよく視聴できます。これからもよろしくお願いいたします。（岡山市北区・47歳）

コロナが終息したら必ず行きます、シネマ・クレールとともに、アフターコロナを楽しみたい！（総社市・31）

シネマ・クレールの建物のコンクリート感、スタッフさんの雰囲気、自動販売機のラインナップ、そして何より上映映画の質、すべてをとってファンです。シネマ・クレールがなかったら、観なかっただろう映画がたくさんあります（なかなか上映時間の時間帯が合わず、地元（倉敷）にもこんな場所があればと何度思ったことか……）普段あまりクラウドファンディング等への参加は消極的ですが、お世話になった場所なので、今回は何かしらで参加したいと思います。ここ数ヶ月自粛モードで映画館に足が運べておらず、観たい映画が溜まってしまい大変です。またお邪魔しますので、ずっとありつづけてほしいです。（aym・倉敷・33）

しばらく行けていませんが、応援団の方々がいうように、シネマ・クレールが岡山に存在することが、ありがたいことだと思います。これからも存続していただけるよう、私も微力ながら支援させていただきたいです。これから先に生まれてくる方にもその価値が享受できるように…！私も近いうちに、観に行きたいと思っています。（沼本真季・岡山市北区・41）

ここでしか観られない映画がある。宝物のような場所です。今たくさんのミニシアターを守る運動があり、全てを守りたい気持ちはあるのですが、まずは手に届く場所から、という思いがあります。（R・岡山市北区・44）

応援しています。頑張ってください。（tiopepe・岡山市の端・68）

これからも永く、名作を上映してください。（makoto・岡山市北区・61歳）

存続を心から願っています。(大分県別府市・40)

綺麗で、いつも気持ちの良い劇場を守り続けて下さいね。クレールでしか観られない映画を、これからもたくさん上映してください。(ゆっこ・岡山市北区・51歳)

ただ便利とか、ただ存在しているのではなく、必要とされ愛されている場だと思います。スタッフのみなさま、心身すこやかで行けるところまでがんばってください。シネマ・クレールを支持します!(中山美香・岡山市・51歳)

なかなかマニュアックな映画を観る機会を与えていただいて感謝しています、存続のために頑張ってください。大して役には立てませんができる限り応援したいです。(畑中祥男・北区表町・60)

結婚して子供ができて、少し遠ざかっていますが、子供が大きくなったらシネマ・クレールで一緒に映画を観たいと思っています。クラウドファンディングが立ち上がりましたら、少しばかりですが支援させていただきます。(オガワユキヒロ・総社市・38)

いつもありがとうございます。チケットを買って入場まであのロビーで待っている時間、入場時に順番で呼ばれるあの感じ、時々顔を見せてくれる看板?猫、また岡山に戻ったら味わいたいです。今は離れていますが応援しています!(西村香織・広島県東広島市・47)

岡山に、日本に、なくてはならない映画館だと思います!(沖田さやか・広島県安芸高田市・36)

シネマ・クレールは、私にとってある意味日常の大切な一部分です。(倉敷市)

いまは一年に一回くらいしか行けないけれど、皆さんにお会いするのが楽しみで帰省しています。遠くからですが、できるだけの応援をします。東京に出ていろいろな映画館に行きましたが、一番思い入れがあるのはやっぱりシネマ・クレールです。(新谷和輝・東京都府中市・25歳)

高校生のとき、シネマ・クレールで出会った映画が私の人生を支えてくれています。本当に大好きな映画館。あの頃、映画に人生をたくさん教わりました。あの頃、映画からたくさんの世界を見ました。ひとりでは一つの人生しか歩めないし、誰かと分かり合うことは難しいけれど、そんな中でも理解や考え方、生き方の土台を少し厚くしてくれたのが、思春期のシネマ・クレールでした。ずっと応援しつづけたいです。（河津泉・岡山市・34歳）

なかなか観に行けませんが、私の好きな映画を上映してくださる、大切な映画館です。応援している人はたくさんいると思います。映画の灯を消さないでくださいね。クラウドファンディング始まったら、私もします。周りにも薦めます！（堀川涼子・津山市・51歳）

岡山の文化の拠点に位置するシネマ・クレールは、今後も存在そのものが岡山の文化を担う重要な施設だと確信しています。どうか頑張ってください！シネマ・クレールが無くなったら、岡山の文化は衰退すると思っています。（ワッシー・倉敷市・56歳）

岡山にシネコンしかないとなったら、どんなに虚しいでしょう。文化、芸術の多様性と深みのある世界へと扉を開いてくれる数少ない場所、シネマ・クレール。本当に大切な場所です。応援しています！（村上めぐみ・岡山市・40代）

いつも素敵な映画との出会いを与えてくださって本当にありがとうございます！私にとってはもう一つの実家です！（もりいし・つくば市・32）

いつも感じ良く接してくださり有難うございます。応援したいです。（金子泰子・総社市・55歳）

いつも素敵な出会いをありがとうございます。営業再開と無事運営していけることを心よりお祈りしております。出来る限り支援させていただきたいと思います。どうぞ、踏ん張って下さい！（匿名希望・岡山市・62歳）

岡山にミニシアターの灯を絶やさないように、心から応援しています！（大貫かすみ・岡山市・56歳）

映画が昔のようには観れなくなっているのに会員更新させてもらい

いつもありがとうございます！その際にたくさんの近況報告という名のおしゃべりが私には息抜きです。昔のようには映画に行かなくてもシネマ・クレールという場所は私にとって大切な大切な場所です。行った際にはいつもたくさんお話してくださりありがとうございます。いつの日か娘と一緒に映画を観に行く日を楽しみにしています。そのために私たちに出来ることはなんでもしますので岡山のミニシアターとしてどうか頑張ってください！（亀田亜依子・岡山市北区・35）

上映演目を毎月チェックして映画を観に行く日常がいかに豊かか、あらためて感じています。そしてここでしか観れない！という映画を提供してくれる映画館が街にあることの豊かさ、貴重さ。応援…というか、存在してくれないと辛いです！（杉浦薫・岡山市・41歳）

大手の映画館では上映しないような、映画を観れるのは岡山ではシネマ・クレールのみという印象です。これからも素敵な映画を上映して欲しいです。（あや・岡山市・33）

いつもお世話になっております。豊かな映画体験を提供してくださっていること、そしてこれからもご提供続けてくださいますようお願いいたします。（満田康弘・岡山市・58）

なくてはならない存在。そこにずっといてください。私も伺います。（松原龍之・倉敷市・43）

岡山の自慢！（ピエールいけのうえ・総社市・51）

『素敵な街にはサッカークラブと素敵な映画館がなくてはならない』という格言を考えました。質の高い、あるいは他では観ることが出来ない作品をこれまで上映していただきありがとうございます。お邪魔する回数の割には、映画観る回数は数える程ですが、これからも応援します。ユキちゃんの散歩も行きますよ〜。（河本祥雄・岡山市北区・52）

コロナウイルスで大変ですが、頑張ってください。これからも色々な作品の上映をお願いします。（mawan・岡山市北区）

いつも素敵な作品を上映して下さりありがとうございます。お休みなさってますか?ぜひぜひ、今後も変わらずさまざまなジャンルの作品を上映して下さることを願っています。心身ともにご健康で。この危機を乗り越えられますように。（赤磐市・50）

こんなときですが、頑張ってほしいです。（倉敷市・43歳）

自分の好きな映画を、自分の好きな街で観られる。そんな素敵な状況がこれからも続くことを願って、微力ながら応援しています。一緒に頑張りましょう。（澤田望・岡山市北区・51）

岡山唯一のミニシアター。頑張って!としか言いようがないですが、岡山の文化の大事な拠点、どうかどうか、生き残ってください!（越智あい・神奈川県川崎市・52歳）

今は岡山を離れてますが、帰ってきた時にあってほしいです。大変でお辛いと思いますが、応援しています。（相模原市・32歳）

映画文化にふれられる素晴らしい環境を岡山で発信し続けてくださることに感謝です。（上垣裕司・岡山市）

本当に大変な時代となってしまいました。あまり金銭的な負担をかぶらないように。無理のない範囲で、ローカルな文化を支え続けてください。遠くからではありますが、応援しております。（新美哲彦・川崎市・もう50歳になってしまいました）

ミニシアターがない街（秋田）に住んでいます。岡山在住時シネマ・クレールさんがある事だけで岡山市がとても魅力的に見えて羨ましい限りでした。なんとか続いて行って欲しい!（藤原峰・秋田市・55歳）

シネマ・クレールのない岡山での生活は考えられません。頑張って観に行くようにしますので、ずっと継続していただきたいです。（佐藤康司・岡山市・57歳）

私にとって映画館といえば、シネマ・クレールです。（reiko・岡山市・44）

いつも素敵な映画を上演していた

だき、ありがとうございます。これからもできる限り観に行きたいと思っています。（高橋直己・岡山市南区・72）

一枚一枚、番号を呼ばれながらキップをもいでもらえるのが大好きです。このスタイルをどうか変えないでください！（めめ・瀬戸内市・52歳）

映画館の音や匂いがとても好きです。館長さんのお話も大好きです。（T.Kumiko.O・岡山市）

芸術は、人がその人らしく生きることに欠かせないものだと思います。芸術を支えてくださっている皆さまに感謝しています。そして、これからもどうぞよろしくお願いします。（島根県・28）

素敵な映画をいつも上映して頂き、ありがとうございます。これからも沢山通うと思いますので、よろしくお願い致します。（福嶌良司・岡山市北区奉還町・59歳）

頑張って下さい。ツイッターなど、これまでやっていない情報発信もあるといいなぁと思っています。（岡山市）

老後の楽しみ、これからです。まだまだ続いてもらわないと困ります。（倉敷市・54歳）

地方で単館系作品の上映を続けるのは、厳しいとは思いますが、世界中の多様な映画を発信することで、地方の文化の灯を消さないように頑張って下さい。応援しています。（徳島県三好市・46歳）

大好きな映画館が、どうかこの危機を脱することができますように。微力ですが、いち映画ファン、いちシネマ・クレールファンとして、応援しています。（総社市・20）

映画というのは総合芸術の一つだと思うんですが、演技、音楽、映像、脚本などが一つになって伝えることは情報量の幅も広いし、伝わり方も強い。それは世の中の多面性を反映していて、誰かが賛同するが反対する人もいるような主張や考え方も教えてくれるし、また、ドキュメンタリーという誰かの目を通したそこにあることも教えてくれる。これだけ情報があふれる世の中ですが、だからこそ、様々な考えを持ち様々なところに暮らす監督の目から見たことを映画の形で知ることはとても重要だと思います。どんな情報も人の目から伝えられる限りその人の編集みたいなのが入っていて、でも、その様々な人の編集を見て、考えて、自分なりの考えを構築していくことや目を養うことが今、重要だと思います。その意味で、様々な映画をかけるミニシアターの存在は貴重だと思います。また、シネマ・クレールという場があることの価値も今回の「みんなの思い出」を読んで重要なことだとあらためて思いました。そうした映画がかかる場所だからこそ、ほかにはない共通体験ができ、それが時には人生の中で重要な起点になる。皆さん、そうしたことが起きた若いころの思い出を上げられることが多くて、その意味でも、これからの若い人にこの場所を残していきたいなと思います。（石原達也・岡山市北区・43歳）

第3部

シネマ・クレールアーカイブ

CINEMA CLAIR

上映作品一覧

公開年	月	日	タイトル
1994	12	23	トリコロール　青の愛
1995	1		トリコロール　青の愛
1995	1	9	ジャン・コクトー　知られざる男の自画像
1995	1	16	詩人の血
1995	1	16	グレヴァン蝋美術館
1995	1	19	サント・ソスピール荘
1995	1	19	冷淡な美男子
1995	1	14	ピーターズ・フレンズ
1995	1	21	ゴダールの決別
1995	1	23	アルファビル
1995	1	28	トリコロール　白の愛
1995	2	6	ふたりのベロニカ
1995	2	11	トリコロール　赤の愛
1995	2	13	闇のカーニバル
1995	2	14	ロビンソンの庭
1995	2	15	てなもんやコネクション
1995	2	16	ティンク・ティンク
1995	2	20	ありふれた事件
1995	2	25	太陽がいっぱい
1995	2	27	友だちのうちはどこ?

公開年	月	日	タイトル
1995	3	4	オリーブの林をぬけて
1995	3	6	そして人生はつづく
1995	3	11	全身小説家
1995	3	25	セバスチャン
1995	3	27	イリュージョン
1995	3	27	タラタタ
1995	3	27	トゥ・リエン
1995	3	27	クラック!
1995	3	27	木を植えた男
1995	3	27	大いなる河の流れ
1995	4	1	ショート・カッツ
1995	4	22	最高の恋人
1995	4	24	つめたく冷えた月
1995	5	1	バグダッド・カフェ 完全版
1995	5	13	ミナ
1995	5	13	カルネ
1995	6	3	動くな、死ね、甦れ!
1995	6	3	ひとりで生きる
1995	6	3	ぼくら、20世紀の子供たち
1995	6	10	盗まれた肖像

公開年	月	日	タイトル
1995	6	10	アデルの恋の物語
1995	6	24	キカ
1995	6	24	SWINGING LONDON
1995	7	1	グレン・グールドをめぐる32章
1995	7	1	日曜日のピュ
1995	7	8	愛・アマチュア
1995	7	8	サイコ
1995	7	15	ダイヤルMを廻せ
1995	7	22	めまい
1995	7	29	レベッカ
1995	7	15	王妃マルゴ
1995	8	5	ロリータ
1995	8	5	2001年　宇宙の旅
1995	8	19	博士の異常な愛情
1995	8	19	パリ空港の人々
1995	8	19	パトリス・ルコントのボレロ
1995	8	26	エリザ
1995	8	26	エンドレス・サマーII
1995	9	2	ファザーファッカー
1995	9	9	無頼平野
1995	9	9	音のない世界で
1995	9	16	愛しのタチアナ
1995	9	16	カストラート
1995	9	23	レニングラードカウボーイズ・ゴー・アメリカ
1995	9	30	他人のそら似
1995	9	30	ジャンヌ　愛と自由の天使／薔薇の十字架

公開年	月	日	タイトル
1995	10	14	男と女
1995	10	14	恋人たちの食卓
1995	10	14	喝采
1995	10	21	情婦
1995	10	21	女と男のいる舗道
1995	10	28	ナイアガラ
1995	11	4	グランドホテル
1995	11	4	ブロードウェイと銃弾
1995	11	4	勝手に逃げろ／人生
1995	11	11	パリの天使たち
1995	11	11	心の旅路
1995	11	18	プリシラ
1995	11	18	欲望という名の電車
1995	11	19	銀行
1995	11	25	めぐり逢い
1995	11	25	カストラート
1995	12	2	女性No.1
1995	12	2	BOXER JOE
1995	12	9	パリの恋人
1995	12	9	無伴奏［シャコンヌ］
1995	12	9	クイズ・ショウ
1995	12	16	恋する惑星
1995	12	16	アリゾナ・ドリーム
1995	12	16	若草物語
1995	12	23	オズの魔法使
1995	12	23	ギルバート・グレイプ

公開年	月	日	タイトル
1996	1		恋する惑星
1996	1	2	眠れる森の美女（1959）
1996	1	2	午後の遺言状
1996	1	2	クローズ・アップ
1996	1	2	ジュ・テーム・モワ・ノン・プリュ
1996	1	6	エド・ウッド
1996	1	8	怪物の花嫁
1996	1	11	プラン9・フロム・アウタースペース
1996	1	17	グレンとグレンダ
1996	1	29	トラベラー
1996	2	1	スモーク
1996	2	1	第三の男
1996	2	1	ひとりぼっちの狩人たち
1996	2	1	愛の地獄
1996	2	3	シェルブールの雨傘
1996	2	8	眠れる美女（1995）
1996	2	17	旅情
1996	2	17	恋人までの距離
1996	2	17	コールドフィーバー
1996	2	24	死刑台のエレベーター
1996	2	24	リスボン物語
1996	3	2	眺めのいい部屋［完全版］
1996	3	2	君さえいれば／金枝玉葉
1996	3	3	乙女の祈り
1996	3	8	マイ・ビューティフル・ランドレット
1996	3	9	モーリス

公開年	月	日	タイトル
1996	3	9	冬の河童
1996	3	13	おせっかいな天使
1996	3	15	アナザー・カントリー
1996	3	16	月夜の願い／新難兄難弟
1996	3	16	バスケットボール・ダイアリーズ
1996	3	16	南京の基督
1996	3	23	デッドマン
1996	4	6	太陽に灼かれて
1996	4	6	フランスの女
1996	4	6	ジェリコー・マゼッパ伝説
1996	4	13	スタア誕生
1996	4	20	雨に唄えば
1996	4	20	幻の光
1996	4	27	メリーポピンズ
1996	4	27	トキワ荘の青春
1996	4	27	スローガン
1996	5	1	モンパルナスの灯
1996	5	7	肉体の悪魔
1996	5	8	ファンファン・ラ・チューリップ
1996	5	9	悪魔の美しさ
1996	5	11	天井桟敷の人々　第1部［犯罪大通り］第2部［白い男］
1996	5	11	憎しみ
1996	5	11	メランコリー
1996	5	18	書かれた顔
1996	5	18	キャリントン

公開年	月	日	タイトル
1996	5	18	愛に関する短いフィルム
1996	5	25	エデンの東
1996	5	25	ユージュアル・サスペクツ
1996	5	25	ミュート・ウィットネス
1996	6	1	俺たちに明日はない
1996	6	8	スティング
1996	6	8	かぼちゃ大王
1996	6	15	おかえり
1996	6	15	ミ・ファミリア
1996	6	22	カサブランカ
1996	6	22	ロマンス
1996	6	22	女優霊
1996	6	29	モロッコ
1996	6	29	ロスト・チルドレン
1996	6	29	ビフォア・ザ・レイン
1996	7	6	ひまわり
1996	7	6	世界で一番好きな人
1996	7	13	ユリシーズの瞳
1996	7	13	赤と黒
1996	7	20	肉体の悪魔
1996	7	27	モンパルナスの灯
1996	8	3	ファンファン・ラ・チューリップ
1996	8	10	悪魔の美しさ
1996	8	17	夜ごとの美女
1996	7	27	罠
1996	7	27	白い風船

公開年	月	日	タイトル
1996	8	1	男たちの書いた絵
1996	8	10	ジェフリー！
1996	8	17	ピクニック
1996	8	17	FRIED DRAGON FISH
1996	8	17	上海ルージュ
1996	8	24	天使の涙
1996	8	31	女人、四十。
1996	8	31	恋する惑星
1996	9	4	欲望の翼
1996	9	7	ピクチャーブライド
1996	9	14	シベリア超特急
1996	9	14	ブルー・イン・ザ・フェイス
1996	9	21	スモーク
1996	9	21	司祭
1996	9	28	イル・ポスティーノ
1996	9	28	野生の葦
1996	10	5	スタン・ザ・フラッシャー
1996	10	5	ユーリ
1996	10	12	眠る男
1996	10	19	ジュリア
1996	10	19	ワン・プラス・ワン
1996	10	26	七年目の浮気
1996	10	26	デッドマン・ウォーキング
1996	10	26	ウェールズの山
1996	11	2	キッズ
1996	11	9	哀愁

公開年	月	日	タイトル
1996	11	16	慕情
1996	11	16	愛のめぐりあい
1996	11	16	気狂いピエロ
1996	11	20	勝手にしやがれ
1996	11	23	ケロッグ博士
1996	11	23	マルクスの二挺拳銃
1996	11	30	お熱いのがお好き
1996	11	30	キッズ・リターン
1996	11	30	レ・ブロンゼ　日焼けした連中
1996	12	3	レ・ブロンゼ　スキーに行く
1996	12	5	恋の邪魔者
1996	12	7	夢見るシングルズ
1996	12	10	愛しのエレーヌ
1996	12	12	スペシャリスト
1996	12	21	髪結いの亭主
1996	12	25	タンデム
1996	12	27	タンゴ（1993）
1996	12	7	パトリス・ルコントの大喝采
1996	12	7	道
1996	12	14	禁じられた遊び
1996	12	14	レオン〈完全版〉
1996	12	21	ジャイアントピーチ
1997	1		レオン〈完全版〉
1997	1		ジャイアントピーチ
1997	1	4	マンハッタン花物語
1997	1	11	ローマの休日

公開年	月	日	タイトル
1997	1	18	昼下りの情事
1997	1	25	ティファニーで朝食を
1997	1	11	トレインスポッティング
1997	1	11	フード
1997	1	11	スターリン主義の死
1997	1	11	フローラ
1997	1	11	石のゲーム
1997	1	11	ヴァイスマンとのピクニック
1997	1	11	アナザー・カインド・オブ・ラブ
1997	1	11	肉片の恋
1997	1	11	プラハからのものがたり
1997	1	18	ファウスト
1997	1	25	楽園の瑕
1997	1	25	シャロウ・グレイヴ
1997	1	29	ガラスの墓標
1997	2	1	太陽と月に背いて
1997	2	1	ジェイン・エア
1997	2	1	猫が行方不明
1997	2	8	ウォレスとグルミット
1997	2	15	小便小僧の恋物語
1997	2	15	サークル・オブ・フレンズ
1997	2	22	フィオナの海
1997	2	22	ファーゴ
1997	2	22	シクロ
1997	3	1	スリープ・ウィズ・ミー
1997	3	8	フラメンコ

公開年	月	日	タイトル
1997	3	8	リービング・ラスベガス
1997	3	15	ワンダーウォール
1997	3	15	そして僕は恋をする
1997	3	22	恋の闇、愛の光
1997	3	22	花の影
1997	4	5	さらば、わが愛 覇王別姫
1997	4	5	アンダーグラウンド
1997	4	5	フリークス
1997	4	6	魔人ドラキュラ
1997	4	12	デカローグ
1997	4	24	ふたりのベロニカ
1997	4	25	トリコロール 青の愛
1997	4	12	大地と自由
1997	4	12	レディバード・レディバード
1997	4	19	ホーム・フォー・ザ・ホリディ
1997	4	19	リディキュール
1997	4	26	マイ・ルーム
1997	4	26	秘密と嘘
1997	4	26	チャイニーズ・オデッセイ
1997	4	30	金玉満堂
1997	5	3	フェティッシュ
1997	5	3	バスケットボール・ダイアリーズ
1997	5	10	項羽と劉邦
1997	5	10	コーカサスの虜
1997	5	10	カンザス・シティ
1997	5	17	夜半歌聲

公開年	月	日	タイトル
1997	5	17	太陽の少年
1997	5	24	ナッシング・パーソナル
1997	5	24	草原の愛
1997	5	31	ジャック
1997	5	31	奇跡の海
1997	6	7	グラン・ブルー
1997	6	14	パリのレストラン
1997	6	14	シャイン
1997	6	14	ユメノ銀河
1997	6	21	ルイーズとケリー
1997	6	25	人間椅子
1997	6	28	ケス
1997	6	28	すべてをあなたに
1997	7	5	月とキャベツ
1997	7	12	八日目
1997	7	12	[Focus]
1997	7	19	セルロイド・クローゼット
1997	7	26	トト・ザ・ヒーロー
1997	8	2	ウェルカム・ドールハウス
1997	8	2	エンジェル・ベイビー
1997	8	9	カーマ・スートラ
1997	8	9	熱帯魚
1997	8	16	暗殺の森 完全版
1997	8	16	それいけ!アンパンマン 虹のピラミッド
1997	8	16	ぼくらはヒーロー
1997	8	23	サブウェイ

公開年	月	日	タイトル
1997	8	30	バスキア
1997	8	30	愛の誕生
1997	9	1	しあわせはどこに
1997	9	3	ブコバルに手紙は届かない
1997	9	6	デッド・ゾーン
1997	9	13	世界の涯てに
1997	9	13	I SHOT ANDY WARHOL
1997	9	13	悪名
1997	9	20	座頭市血笑旅
1997	9	20	イルマ・ヴェップ
1997	9	27	マルセリーノ・パーネヴィーノ
1997	9	27	日蔭のふたり
1997	9	27	食神
1997	10	4	クワイエット・ルーム
1997	10	4	ブエノスアイレス
1997	10	4	バウンド
1997	10	18	鉄塔武蔵野線
1997	11	1	17セブンティーン
1997	11	1	コーリャ　愛のプラハ
1997	11	1	ティコ・ムーン
1997	11	8	ファンタスティック・プラネット
1997	11	8	愛する
1997	11	15	モンド
1997	11	15	ミクロコスモス
1997	11	22	30 thirty
1997	11	22	ウォレスとグルミット　危機一髪!

公開年	月	日	タイトル
1997	11	29	良寛
1997	11	29	心の指紋
1997	11	29	シド・アンド・ナンシー
1997	12	3	リキッドスカイ
1997	12	6	百合の伝説
1997	12	13	天安門
1997	12	13	ピーター・グリーナウェイの枕草子
1997	12	13	アンナ・オズ
1997	12	20	リトル・マーメイド
1997	12	20	ブラッド&ワイン
1997	12	27	恋人たちのポートレート
1998	1		恋人たちのポートレート
1998	1		ブラッド&ワイン
1998	1	10	アントニア
1998	1	10	トゥリーズ・ラウンジ
1998	1	17	ハーモニー
1998	1	17	萌の朱雀
1998	1	17	男と女　嘘つきな関係
1998	1	24	世界中がアイ・ラブ・ユー
1998	1	24	見憶えのある他人
1998	1	31	モハメド・アリ　かけがえのない日々
1998	1	31	陽だまりの庭で
1998	2	7	ポネット
1998	2	7	CURE
1998	2	14	リック
1998	2	21	キャリア・ガールズ

公開年	月	日	タイトル
1998	2	21	浮き雲
1998	2	28	身も心も
1998	2	28	ネイキッド
1998	3	1	ライフ・イズ・スウィート
1998	3	7	SHOAH　ショア
1998	3	7	フル・モンティ
1998	3	14	イージー・ライダー
1998	3	14	悦楽共犯者
1998	3	21	未知との遭遇　特別編
1998	3	21	死にたいほどの夜
1998	3	28	スリング・ブレイド
1998	3	28	kitchen キッチン（1997）
1998	3	28	ファイブ・イージー・ピーセス
1998	4	4	阿片戦争
1998	4	4	リバー・ランズ・スルー・イット
1998	4	4	リック
1998	4	4	恋人たち（1958）
1998	4	11	ブラス！
1998	4	25	ディディエ
1998	4	25	かくも長き不在
1998	5	2	ラヴソング
1998	5	2	大人は判ってくれない
1998	5	9	PERFECT BLUE
1998	5	16	ジャンク・メール
1998	5	23	喝采の扉
1998	5	23	ドーベルマン

公開年	月	日	タイトル
1998	5	30	ナヌムの家II
1998	5	30	グリッド・ロック
1998	6	6	魂を救え！
1998	6	6	二十歳の死
1998	6	6	シーズ・ソー・ラヴリー
1998	6	13	雨に唄えば
1998	6	13	ブレイブ
1998	6	13	ペダル・ドゥース
1998	6	17	私家版
1998	6	20	バンドワゴン
1998	6	20	ウィンター・ゲスト
1998	6	27	女優マルキーズ
1998	6	27	ベント
1998	7	4	秋日和
1998	7	4	ニル・バイ・マウス
1998	7	4	カーテンコール（1996）
1998	7	11	雨月物語
1998	7	11	タンゴ・レッスン
1998	7	11	初恋（1997）
1998	7	18	ナージャの村
1998	7	18	この森で、天使はバスを降りた
1998	7	18	裸足のトンカ
1998	7	25	ビヨンド・サイレンス
1998	7	25	黒い十人の女
1998	8	1	ガンダム・ザ・ムービー
1998	8	1	スパイス・ザ・ムービー

公開年	月	日	タイトル
1998	8	8	ツイン・タウン
1998	8	8	それいけ!アンパンマン　てのひらを太陽に
1998	8	8	クリームパンダとおかしの国
1998	8	8	おむすびまんとおばけやしき
1998	8	15	赤毛のアン　アンの青春　完全版
1998	8	29	上海グランド
1998	8	29	ライアー
1998	9	5	ドライ・クリーニング
1998	9	5	戦艦ポチョムキン
1998	9	10	アレクサンドル・ネフスキー
1998	9	12	アンナ・カレーニナ（1997）
1998	9	12	オースティン・パワーズ
1998	9	12	リパルジョン／反撥
1998	9	19	袋小路
1998	9	23	水の中のナイフ
1998	9	25	ムトゥ　踊るマハラジャ
1998	10	3	杣人物語
1998	10	3	ボンベイ
1998	10	3	桜桃の味
1998	10	10	普通じゃない
1998	10	10	イヤー・オブ・ザ・ホース
1998	10	17	愛の破片
1998	10	17	パラダイス
1998	10	24	初恋（1997）
1998	10	24	中国の鳥人
1998	10	24	ねじ式

公開年	月	日	タイトル
1998	10	24	プルガサリ
1998	10	31	スライディング・ドア
1998	11	7	アイス・ストーム
1998	11	7	裏街の聖者
1998	11	14	河
1998	11	14	夢翔る人
1998	11	21	SF　サムライ・フィクション
1998	11	21	ニューヨークデイドリーム
1998	11	28	キリコの風景
1998	11	28	ダウンタウン・シャドー
1998	12	5	ウェルカム・トゥ・サラエボ
1998	12	5	ライブ・フレッシュ
1998	12	5	パーフェクト・サークル
1998	12	12	スウィート・ヒア・アフター
1998	12	12	ピンク・フラミンゴ　特別篇
1998	12	19	グラン・ブルー〈オリジナル・バージョン〉
1998	12	23	ジャニス
1998	12	26	TOKYO EYES
1998	12	26	CUBE
1999	1		TOKYO EYES
1999	1		グラン・ブルー〈オリジナル・バージョン〉
1999	1		CUBE
1999	1	9	ダロウェイ夫人
1999	1	9	地球は女で回ってる
1999	1	9	ニルヴァーナ
1999	1	16	落下する夕方

公開年	月	日	タイトル
1999	1	23	ビッグ・リボウスキ
1999	1	23	キャラクター 孤独な人の肖像
1999	1	30	GUMMO ガンモ
1999	1	30	すべての些細な事柄
1999	2	6	ブギー・ナイツ
1999	2	6	キングダム
1999	2	6	ムトゥ 踊るマハラジャ
1999	2	13	ミステリアス・ピカソ〜天才の秘密〜
1999	2	13	イン・アンド・アウト
1999	2	14	ヴィゴ
1999	2	20	ぼくのバラ色の人生
1999	2	20	東京物語
1999	2	25	晩春
1999	3	2	彼岸花
1999	2	21	ビューティフルサンディ
1999	2	27	たどんとちくわ
1999	3	6	愛妻物語
1999	3	6	アンナ
1999	3	6	ベルベット・ゴールドマイン
1999	3	13	ゴダールのリア王
1999	3	13	恋の秋
1999	3	20	ラブ&デス
1999	3	20	CUBE
1999	3	27	フェイス
1999	3	27	生きたい
1999	4	3	鳩の翼

公開年	月	日	タイトル
1999	4	3	マイ・スウィート・シェフィールド
1999	4	4	キス！キス！キッス！
1999	4	10	エブリバディ・ラブズ・サンシャイン
1999	4	11	パリ、18区、夜。
1999	4	17	ネネットとボニ
1999	4	17	宋家の三姉妹
1999	4	17	狂わせたいの
1999	4	18	怯える
1999	4	18	はるのそら
1999	4	25	死臭のマリア
1999	4	25	鼻の穴
1999	4	24	鮫肌男と桃尻女
1999	5	1	ライフ・イズ・ビューティフル
1999	5	8	ボクらはいつも恋してる！金枝玉葉2
1999	5	9	食神
1999	5	16	月夜の願い／新難兄難弟
1999	5	22	永遠と一日
1999	5	23	非情の時
1999	5	29	ジョセフ・ロージー／四つの名を持つ男
1999	6	3	女優霊
1999	6	5	ビザと美徳
1999	6	5	セントラル・ステーション
1999	6	6	アスパラガス
1999	6	13	ラテン・ボーイズ・ゴー・トゥ・ヘル
1999	6	19	ワンダフルライフ
1999	6	19	バンディッツ

公開年	月	日	タイトル
1999	6	20	SAFE
1999	6	26	ホームドラマ
1999	6	30	海をみる
1999	6	30	サマードレス
1999	6	30	X2000
1999	7	3	フェアリーテイル
1999	7	3	ワイルド バンチ　オリジナル・ディレクターズ・カット
1999	7	3	ワイルド バンチ　アルバム・イン・モンタージュ
1999	7	17	女と女と井戸の中
1999	7	24	ムーンライト・ドライブ
1999	7	31	虹の岬
1999	7	31	ニュートン・ボーイズ
1999	7	31	ブルワース
1999	7	31	avec mon mari
1999	8	7	それいけ!アンパンマン　勇気の花がひらくとき
1999	8	7	おむすびまんと夏まつり
1999	8	7	やきそばパンマンとバイキン西部劇
1999	8	7	フランダースの犬(1998)
1999	8	7	ロリータ
1999	8	7	妖婆　死棺の呪い
1999	8	10	ピルクスの審問
1999	8	12	火を噴く惑星
1999	8	14	ロック、ストック&トゥー・スモーキング・バレルズ

公開年	月	日	タイトル
1999	8	14	ロッキー・ホラー・ショー
1999	8	21	薔薇の葬列
1999	8	21	ガッジョ・ディーロ
1999	8	22	未来世紀ブラジル
1999	8	28	アドレナリンドライブ
1999	8	28	八月のクリスマス
1999	8	28	猿の惑星
1999	9	4	サイモン・バーチ
1999	9	4	スパニッシュ・プリズナー
1999	9	4	レッド・バイオリン
1999	9	5	デッドマンズ・カーブ
1999	9	8	チャイルド・プレイ　チャッキーの花嫁
1999	9	11	trancemission
1999	9	11	メイド・イン・ホンコン
1999	9	18	54 フィフティ・フォー
1999	9	18	姿三四郎
1999	9	22	一番美しく
1999	9	25	わが青春に悔いなし
1999	9	29	続・姿三四郎　虎の尾を踏む男達
1999	10	2	素晴らしき日曜日
1999	10	6	酔いどれ天使
1999	10	9	生きる
1999	10	13	野良犬
1999	10	16	羅生門
1999	10	20	静かなる決闘
1999	10	23	七人の侍

公開年	月	日	タイトル
1999	10	27	醜聞
1999	10	30	隠し砦の三悪人
1999	11	3	白痴
1999	11	6	用心棒
1999	11	10	生きものの記録
1999	11	13	椿三十郎
1999	11	17	蜘蛛巣城
1999	11	20	天国と地獄
1999	11	24	どん底
1999	11	27	赤ひげ
1999	12	1	悪い奴ほどよく眠る
1999	12	4	どですかでん
1999	12	8	影武者
1999	9	25	タンゴ(1998)
1999	9	25	かさぶた
1999	9	29	7本のキャンドル
1999	10	2	運動靴と赤い金魚
1999	10	2	π　パイ
1999	10	9	コキーユ
1999	10	16	天使が見た夢
1999	10	16	バッファロー'66
1999	10	16	LIVE,LOVE,DRIVE
1999	10	23	ハイ・アート
1999	10	30	きみのためにできること
1999	11	6	黒猫・白猫
1999	11	13	ラン・ローラ・ラン

公開年	月	日	タイトル
1999	11	13	双生児
1999	11	27	家族シネマ
1999	11	27	マイ・ネーム・イズ・ジョー
1999	12	11	ディープエンド・オブ・オーシャン
1999	12	11	皆月
1999	12	18	クンドゥン
1999	12	18	リトル・ヴォイス
1999	12	25	孔雀
1999	12	19	ボブ・マーリィ　伝説のパフォーマンス
1999	12	25	ピーター・ラビットと仲間たち　ザ・バレエ
1999	12	25	ゴージャス
2000	1		リトル・ヴォイス
2000	1		ゴージャス
2000	1	2	ゴースト・ドッグ
2000	1	8	アルナーチャラム　踊るスーパースター
2000	1	8	バッファロー'66
2000	1	15	娼婦ベロニカ
2000	1	15	カスケーダー
2000	1	22	ポーラX
2000	1	22	メイド・イン・U.S.A.
2000	1	26	小さな兵隊
2000	1	29	グレイスランド
2000	1	29	ウェイクアップ!ネッド
2000	2	5	ヴァンドーム広場
2000	2	5	シュリ
2000	2	12	スパイシー・ラブスープ

公開年	月	日	タイトル
2000	2	12	地雷を踏んだらサヨウナラ
2000	2	19	季節の中で
2000	3	4	ジーンズ　世界は2人のために
2000	3	4	ラスベガスをやっつけろ
2000	3	11	シュウシュウの季節
2000	3	11	エイミー
2000	3	18	M/OTHER　マザー
2000	3	25	ガラスの脳
2000	3	25	アポロンの地獄
2000	3	25	王女メディア
2000	3	26	テオレマ
2000	3	26	奇跡の丘
2000	3	28	アッカトーネ
2000	3	28	ソドムの市
2000	4	1	ブエナ・ビスタ・ソシアル・クラブ
2000	4	8	グレン・グールド　27歳の記憶
2000	4	15	守ってあげたい
2000	4	22	ナビィの恋
2000	4	29	アメリカン・ヒストリーX
2000	4	29	親指スターウォーズ
2000	4	29	親指タイタニック
2000	5	6	ビューティフル・ピープル
2000	5	6	SLAM
2000	5	13	ロルカ、暗殺の丘
2000	5	13	BULLET BALLET
2000	5	20	スペシャリスト

公開年	月	日	タイトル
2000	5	20	ロッタちゃん　はじめてのおつかい
2000	5	20	鉄男
2000	5	22	鉄男II
2000	5	24	東京フィスト
2000	5	25	サンデイドライブ
2000	5	27	クッキー・フォーチュン
2000	5	27	エステサロン　ヴィーナス・ビューティ
2000	5	31	黄昏に瞳やさしく
2000	6	3	真夏の夜の夢（1999）
2000	6	3	オール・アバウト・マイ・マザー
2000	6	3	月光の囁き
2000	6	7	どこまでもいこう
2000	6	10	奇人たちの晩餐会
2000	6	10	キッドナッパー
2000	6	17	Hole
2000	6	24	玻璃の城
2000	6	24	ロゼッタ
2000	6	24	Go!Go!L.A.
2000	6	25	トリック・ベイビー
2000	7	1	花火降る夏
2000	7	1	サイダーハウス・ルール
2000	7	1	風が吹くまま
2000	7	15	PRINCESS MONONOKE
2000	7	15	もののけ姫 in U.S.A.
2000	7	15	橋の上の娘
2000	7	16	セイヴィア

公開年	月	日	タイトル
2000	7	22	僕は天使ぢゃないよ
2000	7	22	マイライフ・アズ・ア・ドッグ
2000	7	24	やかまし村の子どもたち
2000	7	26	やかまし村の春夏秋冬
2000	7	28	ギルバート・グレイプ
2000	7	23	港のロキシー
2000	7	24	風雲　ストームライダーズ
2000	7	29	ヴァージン・スーサイズ
2000	8	5	人狼
2000	8	12	それいけ！アンパンマン　人魚姫のなみだ
2000	8	12	やきそばパンマンとブラックサボテンマン
2000	8	19	ボーイズ・ドント・クライ
2000	8	19	現実の続き　夢の終わり
2000	8	20	人の悪いリス
2000	8	20	うそつき狼
2000	8	20	ドルーピー／つかまるのはごめん
2000	8	20	腹ペコハゲタカ
2000	8	20	ぼくはひとりぼっち
2000	8	20	スカンク君の悩み
2000	8	20	ウルトラ小鴨
2000	8	20	月へ行った猫
2000	8	20	ねむいウサギ狩り
2000	8	20	田舎狼と都会狼
2000	8	20	冬眠中はお静かに
2000	8	20	呪いの黒猫
2000	8	27	おかしな赤頭巾

公開年	月	日	タイトル
2000	8	27	のろまな早起鳥
2000	8	27	狼とシンデレラ
2000	8	27	ある殺人
2000	8	27	さぼり屋リス
2000	8	27	恐怖よさらば
2000	8	27	ドルーピー／アラスカの拳銃使い
2000	8	27	とんだ野球試合
2000	8	27	ドルーピー／チャンピオン誕生
2000	8	27	森の小さな鍛冶屋さん
2000	8	27	腹話術は楽し
2000	8	27	太りっこ競争
2000	8	26	ストップ・メイキング・センス
2000	9	1	太陽の誘い
2000	9	3	Pat & Mat
2000	9	3	文明からのレポート
2000	9	3	草原の唄
2000	9	3	手
2000	9	9	きかんしゃトーマス　魔法の線路
2000	9	9	ぼくは歩いてゆく
2000	9	13	りんご
2000	9	9	ロッタちゃんと赤いじてんしゃ
2000	9	10	コントラクト・キラー
2000	9	17	マッチ工場の少女
2000	10	22	愛しのタチアナ
2000	10	22	トータル・バラライカ・ショー
2000	10	29	パラダイスの夕暮れ

公開年	月	日	タイトル
2000	11	5	ハムレット・ゴーズ・ビジネス
2000	9	16	地上より何処かで
2000	9	16	ラビナス
2000	9	23	顔
2000	9	23	ノー・ルッキング・バック
2000	9	24	ニワトリに何をしたか
2000	9	24	カニ
2000	9	24	男のゲーム
2000	9	24	対話の可能性
2000	9	30	あの子を探して
2000	9	30	MONDAY
2000	10	7	太陽は、ぼくの瞳
2000	10	7	白い花びら
2000	10	8	グッドモーニング
2000	10	8	ゴーレム・パイロット版
2000	10	8	手袋の失われた世界
2000	10	8	最後の盗み
2000	10	14	クール・ドライ・プレイス
2000	10	14	サルサ!
2000	10	21	ラスト・ハーレム
2000	10	21	ショー・ミー・ラブ
2000	10	21	HYSTERIC
2000	10	28	ざわざわ下北沢
2000	10	28	17歳のカルテ
2000	10	28	ルナ・パパ
2000	11	4	チューブ・テイルズ

公開年	月	日	タイトル
2000	11	4	オネーギンの恋文
2000	11	11	ツイン・フォールズ・アイダホ
2000	11	11	ジョン・ジョン・イン・ザ・スカイ
2000	11	18	クリクリのいた夏
2000	11	18	クレイドル・ウィル・ロック
2000	11	18	女性上位時代
2000	11	19	ヒューマン・トラフィック
2000	11	25	イギリスから来た男
2000	11	26	モジュレーション
2000	12	2	黒いオルフェ
2000	12	2	ひかりのまち
2000	12	2	カノン（1998）
2000	12	3	フリーズ・ミー
2000	12	9	オルフェ
2000	12	9	ひまわり（2000）
2000	12	9	顔
2000	12	10	クラークス
2000	12	16	クレイジー・イングリッシュ
2000	12	16	金髪の草原
2000	12	17	フルスタリョフ、車を!
2000	12	23	PARTY7
2000	12	23	フォーエバー・フィーバー
2001	1		PARTY7
2001	1	2	イマジン ジョン・レノン（1988）
2001	1	6	ことの終わり
2001	1	13	天国までの百マイル

公開年	月	日	タイトル
2001	1	20	アヴァロン
2001	1	20	カオス
2001	1	27	ブラッドシンプル　ザ・スリラー
2001	1	28	ザ・ディレクター
2001	2	3	美術館の隣の動物園
2001	2	3	三文役者
2001	2	10	La Buche ブッシュ・ド・ノエル
2001	2	10	ウーマン・オン・トップ
2001	2	10	BLOOD THE LAST VAMPIRE
2001	2	13	愛ここにありて
2001	2	17	映画史
2001	2	17	ピーター・グリーナウェイ 8½の女たち
2001	2	24	独立少年合唱団
2001	2	24	ハネムーン・キラーズ
2001	2	25	スーパーフライ
2001	2	28	血を吸うカメラ
2001	3	3	愛のコリーダ2000
2001	3	3	シャンヌのパリ、そしてアメリカ
2001	3	10	ペパーミント・キャンディー
2001	3	10	6ixtynin9 シックスティナイン
2001	3	11	コフィー
2001	3	14	ひなぎく
2001	3	14	天井
2001	3	17	初恋のきた道
2001	3	31	リトル・ダンサー
2001	4	7	グリーン・デスティニー

公開年	月	日	タイトル
2001	4	14	ヤンヤン　夏の想い出
2001	4	21	はなればなれに
2001	4	21	パリの確率
2001	5	5	NO FUTURE A SEX PISTOLS FILM
2001	5	12	アカシアの道
2001	5	12	キャラバン
2001	5	12	私が愛したギャングスター
2001	5	19	風花
2001	5	26	ザ・カップ　夢のアンテナ
2001	5	26	日本の黒い夏 -冤罪-
2001	6	2	EUREKA ユリイカ
2001	6	9	流星
2001	6	16	あの頃ペニー・レインと
2001	6	16	夜の蝶 -ラウル・セルヴェの世界-
2001	6	23	花様年華
2001	6	30	ぼくの国、パパの国
2001	6	30	ハムレット（2000）
2001	7	7	ベニスで恋して
2001	7	7	不確かなメロディー
2001	7	14	ラマになった王様
2001	7	14	ギター弾きの恋
2001	7	14	ビョークのネズの木
2001	7	20	風と共に去りぬ
2001	7	20	彼女を見ればわかること
2001	7	21	ファストフード・ファストウーマン
2001	7	28	クイルズ

公開年	月	日	タイトル
2001	7	28	レジェンド・オブ・ヒーロー
2001	7	28	或る夜の出来事
2001	7	28	雨に唄えば
2001	7	28	回路
2001	8	1	カリスマ
2001	8	4	ミリオンダラー・ホテル
2001	8	4	山の郵便配達
2001	8	4	ジミ・ヘンドリックス
2001	8	4	時の支配者
2001	8	11	それいけ!アンパンマン　ゴミラの星
2001	8	11	怪傑ナガネギマンとやきそばパンマン
2001	8	11	レクイエム・フォー・ドリーム
2001	8	11	あなたのために
2001	8	18	アメリカン・サイコ
2001	8	18	ナンナーク
2001	8	25	LIES／嘘
2001	9	1	火垂
2001	9	1	センターステージ
2001	9	1	もういちど
2001	9	1	夏至
2001	9	1	DOWNTOWN81
2001	9	8	STEREO　FUTURE
2001	9	8	セシルB　ザ・シネマ・ウォーズ
2001	9	8	シーズン・チケット
2001	9	8	マタンゴ
2001	9	10	ガス人間第1号

公開年	月	日	タイトル
2001	9	11	大魔神
2001	9	13	大怪獣ガメラ
2001	9	15	星降る夜のリストランテ
2001	9	15	天国から来た男たち
2001	9	15	アラビアのロレンス 完全版
2001	9	15	恋戦。OKINAWA
2001	9	15	姉のいた夏、いない夏
2001	9	22	蝶の舌
2001	9	22	ジャニスのOL日記
2001	9	22	マンボ!マンボ!マンボ!
2001	9	22	ディスタンス
2001	9	29	点子ちゃんとアントン
2001	9	29	ファイターズ・ブルース
2001	9	29	グリーンフィンガーズ
2001	9	29	焼け石に水
2001	10	6	王は踊る
2001	10	6	カラビニエ
2001	10	6	チアーズ!
2001	10	6	すべての美しい馬
2001	10	10	午後の網目
2001	10	10	陸地にて
2001	10	10	カメラのための振り付けの研究
2001	10	10	変形された時間での儀礼
2001	10	10	暴力についての瞑想
2001	10	10	夜の深み
2001	10	13	いちばん美しい夏

公開年	月	日	タイトル
2001	10	13	シャドウ・オブ・ヴァンパイア
2001	10	13	春香伝
2001	10	13	ウォーターボーイズ
2001	10	13	キンスキー　我が最愛の敵
2001	10	16	フィツカラルド
2001	10	20	小人の饗宴
2001	10	24	アギーレ　神の怒り
2001	10	20	ほとけ
2001	10	20	ゴーストワールド
2001	10	20	ELECTRIC DRAGON 80000V
2001	10	27	ゴシップ
2001	10	27	魔王
2001	10	27	テルミン
2001	11	3	けものがれ、俺らの猿と
2001	11	3	真夜中まで
2001	11	3	シビラの悪戯
2001	11	3	ノー・ニュークス
2001	11	10	ベンゴ
2001	11	10	サイレンス
2001	11	10	柳と風
2001	11	10	クィーン・コング
2001	11	10	パン・タデウシュ物語
2001	11	10	ROCK YOU！
2001	11	10	ハリー、見知らぬ友人
2001	11	14	サイクリスト
2001	11	17	愛のエチュード

公開年	月	日	タイトル
2001	11	17	LOUISE (TAKE2)
2001	11	17	夜になるまえに
2001	11	17	鴛鴦歌合戦
2001	11	21	赤西蠣太
2001	11	24	東京キッド
2001	11	28	鞍馬天狗　角兵衛獅子
2001	12	1	眠狂四郎　無頼剣
2001	12	5	薄桜記
2001	12	8	人情紙風船
2001	12	12	浮雲
2001	11	24	クレーヴの奥方
2001	11	24	血の記憶
2001	11	24	Ｇｏ！
2001	12	1	チェブラーシカ
2001	12	1	ビヨンド・ザ・マット
2001	12	1	リリイ・シュシュのすべて
2001	12	1	ウォーターボーイズ
2001	12	8	初恋のきた道
2001	12	8	赤い橋の下のぬるい水
2001	12	15	ニュー・イヤーズ・デイ　約束の日
2001	12	15	ショコキ！
2001	12	15	2001年　宇宙の旅　新世紀特別版
2001	12	15	エスター・カーン　めざめの時
2001	12	22	Star Light
2001	12	22	オー・ブラザー！
2001	12	22	不思議惑星キン・ザ・ザ

公開年	月	日	タイトル
2001	12	22	アメリ
2002	1		Star Light
2002	1		オー・ブラザー!
2002	1		アメリ
2002	1	2	眺めのいい部屋〈ニュープリント完全版〉
2002	1	5	おいしい生活
2002	1	5	反則王
2002	1	12	みすゞ
2002	1	12	こころの湯
2002	1	19	タイガーランド
2002	1	26	忘れられぬ人々
2002	1	26	リメンバー・ミー
2002	2	2	フェリックスとローラ
2002	2	9	∀ガンダム　Ⅰ地球光／Ⅱ月光蝶
2002	2	9	ターン
2002	2	9	メメント
2002	2	9	フォロウィング
2002	2	16	恋する遺伝子
2002	2	16	真心　MY NAME IS MAGOKORO
2002	2	16	0cm^4
2002	2	23	キシュ島の物語
2002	2	23	マルホランド・ドライブ
2002	2	23	アニバーサリーの夜に
2002	3	2	ノーラ・ジョイス　或る小説家の妻
2002	3	2	耳に残るは君の歌声
2002	3	9	まぶだち

公開年	月	日	タイトル
2002	3	9	助太刀屋助六
2002	3	9	贅沢な骨
2002	3	16	殺し屋1
2002	3	16	インティマシー／親密
2002	3	16	少年義勇兵
2002	3	16	地獄の黙示録　特別完全版
2002	3	23	レプリカント
2002	3	23	修羅雪姫
2002	3	23	キプールの記憶
2002	3	30	WXIII　機動警察パトレイバー
2002	3	30	カンダハール
2002	3	30	イルマーレ
2002	4	6	プラットホーム
2002	4	6	ピストルオペラ
2002	4	6	ダブルタップ
2002	4	13	O[オー]
2002	4	13	SEX：EL
2002	4	13	シャンプー台のむこうに
2002	4	13	あのころ僕らは
2002	4	20	フォルテ
2002	4	20	青い夢の女
2002	4	20	ペイネ・愛の世界旅行
2002	4	20	約束　〈ラ・プロミッセ〉
2002	4	27	バスを待ちながら
2002	4	27	ヒューマンネイチュア
2002	4	27	恋ごころ

公開年	月	日	タイトル
2002	4	27	Laundry
2002	4	27	快適な生活
2002	4	27	レックス・ザ・ランド　他
2002	5	4	パルムの樹
2002	5	4	コンセント
2002	5	4	カタクリ家の幸福
2002	5	11	およう
2002	5	18	聖石傳説
2002	5	18	ヘドウィグ・アンド・アングリーインチ
2002	5	25	ノット・ア・ガール
2002	5	25	発狂する唇
2002	5	25	ムッシュ・カステラの恋
2002	6	1	光の雨
2002	6	1	血を吸う宇宙
2002	6	1	KT
2002	6	8	ふたつの時、ふたりの時間
2002	6	8	折り梅
2002	6	15	ピアニスト
2002	6	15	活きる
2002	6	22	フィラメント
2002	6	22	サンキュー、ボーイズ
2002	6	29	翼をください
2002	6	29	ルーヴルの怪人
2002	6	29	世界の終わりという名の雑貨店
2002	6	29	とらばいゆ
2002	6	29	エトワール

公開年	月	日	タイトル
2002	7	6	鬼が来た！
2002	7	6	アモーレス・ペロス
2002	7	13	渚のシンドバッド
2002	7	13	ビューティフル（2000）
2002	7	13	ドッグスター
2002	7	13	牧笛
2002	7	13	鹿鈴
2002	7	13	琴と少年
2002	7	13	猿と満月
2002	7	13	胡蝶の泉
2002	7	13	ナーザの大暴れ
2002	7	13	不射之射
2002	7	20	害虫
2002	7	20	ハッシュ！
2002	7	20	カラー・オブ・ライフ
2002	7	20	イースト／ウエスト　遥かなる祖国
2002	7	20	バーバー
2002	7	20	ピンク・フロイド／ザ・ウォール
2002	7	24	JAZZ　SEEN／カメラが聴いたジャズ
2002	7	27	罪と罰（1983）
2002	7	27	がんばれ、リアム
2002	7	27	素敵な歌と舟はゆく
2002	7	31	カラマリ・ユニオン
2002	8	3	それいけ！アンパンマン　ロールとローラ　うきぐも城のひみつ
2002	8	3	鉄火のマキちゃんとかまめしどん

公開年	月	日	タイトル
2002	8	3	ノー・マンズ・ランド
2002	8	3	ピンポン
2002	8	10	エンジェル・スノー
2002	8	17	白い船
2002	8	17	東海道四谷怪談
2002	8	21	怪談累が淵
2002	8	24	愛の世紀
2002	8	31	きれいなおかあさん
2002	8	31	そして愛に至る
2002	9	7	海辺の家
2002	9	14	裸のマハ
2002	9	14	月のひつじ
2002	9	21	赤毛のアン　アンの結婚
2002	9	28	少年と砂漠のカフェ
2002	9	28	ぼのぼの　クモモの木のこと
2002	9	28	プレッジ
2002	9	28	ベン・ハー
2002	10	5	ガウディアフタヌーン
2002	10	5	トンネル（2001）
2002	10	12	クロエ
2002	10	12	チョコレート
2002	10	19	I am Sam アイ・アム・サム
2002	10	19	es[エス]
2002	10	19	13ゴースト
2002	10	26	チキン・ハート
2002	10	26	ドニー・ダーコ

公開年	月	日	タイトル
2002	11	2	プロミス
2002	11	2	ザ・ロイヤル・テネンバウムズ
2002	11	2	春の日は過ぎゆく
2002	11	2	田園に死す
2002	11	6	迷宮譚
2002	11	6	疱瘡譚
2002	11	6	書見機
2002	11	6	消しゴム
2002	11	7	書を捨てよ町へ出よう
2002	11	11	初恋・地獄篇
2002	11	15	トマトケチャップ皇帝・オリジナル完全版
2002	11	15	二頭女-影の映画
2002	11	9	モンスーン・ウェディング
2002	11	9	快盗ブラック・タイガー
2002	11	16	ピカレスク　人間失格
2002	11	16	まぼろし
2002	11	23	王様の漢方
2002	11	23	イノセント・ボーイズ
2002	11	23	暗い日曜日
2002	11	30	なごり雪
2002	11	30	イン・ザ・ベッドルーム
2002	11	30	ウィークエンド
2002	11	30	フォーエヴァー・モーツァルト
2002	11	30	JLG／自画像
2002	11	30	フレディ・ビュアシュへの手紙
2002	12	7	旅の途中で　FARDA

公開年	月	日	タイトル
2002	12	7	DOGTOWN & Z-BOYS
2002	12	7	メルシィ！人生
2002	12	7	ストーリーテリング
2002	12	14	アフガン・アルファベット
2002	12	14	青い春
2002	12	14	ロバート・イーズ
2002	12	21	太陽の雫
2002	12	21	サッカー小僧
2002	12	21	8人の女たち
2002	12	21	SUPER8
2002	12	28	ダーク・ブルー
2003	1		太陽の雫
2003	1		8人の女たち
2003	1		ダーク・ブルー
2003	1	4	華の愛
2003	1	4	千年女優
2003	1	11	刑務所の中
2003	1	11	tokyo.sora
2003	1	11	至福のとき
2003	1	18	国姓爺合戦
2003	1	18	群青の夜の羽毛布
2003	1	25	夜風の匂い
2003	1	25	TAMALA 2010
2003	1	25	この素晴らしき世界
2003	1	25	チェルシーホテル
2003	2	1	ゴスフォード・パーク

公開年	月	日	タイトル
2003	2	1	ストーカー（2002）
2003	2	1	ウェイキングライフ
2003	2	1	天国の口、終りの楽園。
2003	2	1	DRIVE　ドライブ
2003	2	8	ラストシーン
2003	2	15	酔っぱらった馬の時間
2003	2	15	マーサの幸せレシピ
2003	2	15	ロックンロールミシン
2003	2	15	トスカ
2003	2	15	ディナーラッシュ
2003	2	22	ごめん
2003	2	22	ガーゴイル
2003	2	22	グレースと公爵
2003	2	22	ラスト・プレゼント
2003	3	1	アイリス
2003	3	1	Jam Films
2003	3	8	わすれな歌
2003	3	8	REM（レム）
2003	3	8	アウトライブ
2003	3	15	裸足の1500マイル
2003	3	15	夜を賭けて
2003	3	15	アカルイミライ
2003	3	22	ロベルト・スッコ
2003	3	22	壬生義士伝
2003	3	29	AIKI
2003	3	29	スパイダー　少年は蜘蛛にキスをする

公開年	月	日	タイトル
2003	3	29	CQ
2003	3	29	ボウリング・フォー・コロンバイン
2003	3	29	クローサー
2003	4	5	たそがれ清兵衛
2003	4	12	船を降りたら彼女の島
2003	4	12	ヘヴン
2003	4	12	小さな中国のお針子
2003	4	12	ブレッド&ローズ
2003	4	19	ナビゲーター　ある鉄道員の物語
2003	4	23	ケス
2003	4	19	曖昧な未来、黒沢清
2003	4	26	スコルピオンの恋まじない
2003	4	26	ラベンダー
2003	4	26	blue
2003	4	26	水の女
2003	4	26	ウエスト・サイド物語
2003	5	3	棒たおし!
2003	5	3	クリスティーナの好きなコト
2003	5	10	チョムスキー 9.11 Power and Terror
2003	5	10	歌え!フィッシャーマン
2003	5	10	ぼくんち
2003	5	10	エルミタージュ幻想
2003	5	10	Bモンキー
2003	5	17	エニグマ
2003	5	17	ガン&トークス
2003	5	24	過去のない男

公開年	月	日	タイトル
2003	5	24	SWEET SIXTEEN
2003	5	31	デュラス　愛の最終章
2003	5	31	上海グランド
2003	5	31	歓楽通り
2003	5	31	NOEL
2003	5	31	僕のスウィング
2003	6	4	流星
2003	6	7	ぷりてぃ・ウーマン
2003	6	7	kissing ジェシカ
2003	6	7	ウェルカム!ヘヴン
2003	6	14	母と娘
2003	6	14	アンダー・サスピション
2003	6	14	CUBE^2
2003	6	21	11.09.01/セプテンバー11
2003	6	21	おばあちゃんの家
2003	6	21	リベリオン
2003	6	21	ラスムスくんの幸せをさがして
2003	6	28	風の絨毯
2003	6	28	モーヴァン
2003	6	28	きみの帰る場所　アントワン・フィッシャー
2003	6	28	北京ヴァイオリン
2003	6	28	ダブル・ビジョン
2003	7	5	女はバス停で服を着替えた
2003	7	5	お熱いのがお好き
2003	7	10	情婦
2003	7	12	それいけ!アンパンマン　ルビーの願い

公開年	月	日	タイトル
2003	7	12	怪傑ナガネギマンとドレミ姫
2003	7	12	the EYE［アイ］
2003	7	12	クルテク　もぐらくんと森の仲間たち
2003	7	15	アパートの鍵貸します
2003	7	19	愛してる、愛してない…
2003	7	19	GUN CRAZY Episode3 叛逆者の狂詩曲
2003	7	19	GUN CRAZY Episode4 用心棒の鎮魂歌
2003	7	19	サスペリア
2003	7	23	サスペリアPART2　完全版
2003	7	26	エデンより彼方に
2003	7	26	WATARIDORI
2003	7	26	24アワー・パーティ・ピープル
2003	8	2	シティ・オブ・ゴッド
2003	8	2	遠近法の箱
2003	8	2	カロとピヨブプト・おうち
2003	8	2	カロとピヨププト・サンドイッチ
2003	8	2	カロとピヨププト・あめのひ
2003	8	2	キップリングJr.
2003	8	2	キッズキャッスル
2003	8	2	どっちにする?
2003	8	2	頭山
2003	8	9	ハリウッド★ホンコン
2003	8	9	ソラリス
2003	8	9	惑星ソラリス
2003	8	12	ノスタルジア
2003	8	16	ロスト・イン・ラ・マンチャ
2003	8	16	ぼくの孫悟空
2003	8	16	キリクと魔女
2003	8	16	トーク・トゥ・ハー
2003	8	16	ALIVE
2003	8	23	D.I.
2003	8	23	カルマ
2003	8	30	ゲロッパ!
2003	8	30	ブリー
2003	8	30	夏休みのレモネード
2003	8	30	ヒルコ/妖怪ハンター
2003	9	1	春の惑い
2003	9	3	双生児
2003	9	6	ライフ・イズ・ジャーニー
2003	9	6	神に選ばれし無敵の男
2003	9	6	ニューヨーク　最後の日々
2003	9	13	フリーダ
2003	9	13	さよなら、クロ
2003	9	20	レセ・パセ　自由への通行許可証
2003	9	27	散歩する惑星
2003	9	27	28日後…
2003	9	27	パイナップル・ツアーズ
2003	9	28	ナビィの恋
2003	10	4	アメリカン・アウトロー
2003	10	4	あじまぁのウタ　上原知子-天上の歌声
2003	10	11	人生は、時々晴れ
2003	10	11	アダプテーション

公開年	月	日	タイトル
2003	10	11	ホテル・ハイビスカス
2003	10	18	ナイン・ソウルズ
2003	10	18	六月の蛇
2003	10	25	沙羅双樹
2003	10	25	藍色夏恋
2003	10	25	永遠のマリア・カラス
2003	11	1	死ぬまでにしたい10のこと
2003	11	1	戦場のフォトグラファー
2003	11	1	リード・マイ・リップス
2003	11	8	地獄甲子園
2003	11	8	デブラ・ウィンガーを探して
2003	11	8	くたばれ！ハリウッド
2003	11	15	1票のラブレター
2003	11	15	福耳
2003	11	15	パンチドランク・ラブ
2003	11	22	名もなきアフリカの地で
2003	11	22	木更津キャッツアイ　日本シリーズ
2003	11	22	レニ
2003	11	24	ワンダー・アンダー・ウォーター　原色の海
2003	11	24	アフリカへの想い
2003	11	29	セクレタリー
2003	11	29	氷海の伝説
2003	11	29	東京ゴッドファーザーズ
2003	12	6	ぼくの好きな先生
2003	12	13	ドッペルゲンガー
2003	12	13	ロッカーズ

公開年	月	日	タイトル
2003	12	13	盲獣
2003	12	16	赤い天使
2003	12	18	巨人と玩具
2003	12	20	ローマの休日
2003	12	20	えびボクサー
2003	12	27	ポロック　2人だけのアトリエ
2004	1		木更津キャッツアイ　日本シリーズ
2004	1		ローマの休日
2004	1		ポロック　2人だけのアトリエ
2004	1	3	死ぬまでにしたい10のこと
2004	1	3	狂った果実
2004	1	7	月曜日のユカ
2004	1	12	牛乳屋フランキー
2004	1	14	ザ・スパイダースの大進撃
2004	1	16	砂の上の植物群
2004	1	20	密会
2004	1	10	夕映えの道
2004	1	10	最後の恋、初めての恋
2004	1	10	イン・アメリカ　三つの小さな願いごと
2004	1	17	プレイタイム
2004	1	24	マグダレンの祈り
2004	1	24	フル・フロンタル
2004	1	24	ジョゼと虎と魚たち
2004	1	24	イン・ディス・ワールド
2004	1	31	クラバート
2004	1	31	クリスマスの夢

公開年	月	日	タイトル
2004	2	5	前世紀探検
2004	2	7	狂気のクロニクル
2004	2	9	ホンジークとマジェンカ
2004	2	9	水玉の幻想
2004	2	7	延安の娘
2004	2	7	精霊流し
2004	2	7	再見〜また逢う日まで
2004	2	14	昭和歌謡大全集
2004	2	14	ウォー・レクイエム
2004	2	21	月曜日に乾杯！
2004	2	21	女はみんな生きている
2004	2	21	ヘブン・アンド・アース
2004	2	21	ブラウン・バニー
2004	2	28	伝説のワニ　ジェイク
2004	3	4	連句アニメーション　冬の日
2004	3	6	25時
2004	3	6	ほえる犬は噛まない
2004	3	6	アイデン&ティティ
2004	3	10	白夜（1957）
2004	3	13	熊座の淡き星影
2004	3	13	ミッション・クレオパトラ
2004	3	20	油断大敵
2004	3	20	ルビー&カンタン
2004	3	20	ドッグヴィル
2004	3	27	殺人の追憶
2004	3	27	幸福の鐘

公開年	月	日	タイトル
2004	3	27	ベアーズ・キス
2004	4	3	クリビアにおまかせ！
2004	4	3	きょうのできごと　a day on the planet
2004	4	3	気まぐれな唇
2004	4	10	美しい夏キリシマ
2004	4	10	ナコイカッツィ
2004	4	10	ラブストーリー
2004	4	17	飛ぶ教室
2004	4	17	グッバイ、レーニン！
2004	4	24	かげろう
2004	4	24	ヴァイブレータ
2004	4	24	メイキング・オブ・ドッグヴィル〜告白〜
2004	4	24	MUSA-武士-
2004	4	24	1980
2004	5	1	女王ファナ
2004	5	1	エヴァとステファンとすてきな家族
2004	5	6	アンテナ
2004	5	8	悪い男
2004	5	8	真珠の耳飾りの少女
2004	5	8	Jam Films 2
2004	5	15	9000マイルの約束
2004	5	15	赤目四十八瀧心中未遂
2004	5	22	花と蛇
2004	5	22	スキャンダル
2004	5	22	ハッピーエンド
2004	5	29	クジラの島の少女

公開年	月	日	タイトル
2004	5	29	息子のまなざし
2004	5	29	10ミニッツ・オールダー　人生のメビウス／イデアの森
2004	5	29	モロ・ノ・ブラジル
2004	6	5	カレンダー・ガールズ
2004	6	5	ワイルド・フラワーズ
2004	6	12	eiko【エイコ】
2004	6	12	花嫁はギャングスター
2004	6	19	真実のマレーネ・ディートリッヒ
2004	6	19	エレファント
2004	6	19	ロスト・イン・トランスレーション
2004	7	3	carmen.　カルメン
2004	7	3	アドルフの画集
2004	7	3	自転車でいこう
2004	7	3	幸せになるためのイタリア語講座
2004	7	10	純愛中毒
2004	7	10	パーティ・モンスター
2004	7	10	ぼくは怖くない
2004	7	10	スイミング・プール
2004	7	10	スパニッシュ・アパートメント
2004	7	17	それいけ!アンパンマン　夢猫の国のニャニィ
2004	7	17	つきことしらたま～ときめきダンシング～
2004	7	17	ホワイト・バレンタイン
2004	7	17	わが故郷の歌
2004	7	24	みなさん、さようなら
2004	7	24	箪笥

公開年	月	日	タイトル
2004	7	24	サウンド・オブ・ミュージック
2004	7	24	ドラムライン
2004	7	31	ほたるの星
2004	7	31	しあわせの法則
2004	8	7	oasis オアシス
2004	8	7	4人の食卓
2004	8	7	誰も知らない
2004	8	21	タカダワタル的
2004	8	21	華氏911
2004	8	28	きわめてよいふうけい
2004	9	1	アフガン零年
2004	9	4	ベジャール、バレエ、リュミエール
2004	9	4	ラブドガン
2004	9	11	チルソクの夏
2004	9	11	スターシップ・トゥルーパーズ2
2004	9	11	ロスト・メモリーズ
2004	9	18	アメリカン・スプレンダー
2004	9	18	ディープ・ブルー
2004	9	18	機関車先生
2004	9	25	テッセラクト
2004	10	2	マインド・ゲーム
2004	10	2	リヴ・フォーエヴァー
2004	10	2	モンスター
2004	10	2	トスカーナの休日
2004	10	9	犬と歩けば　チロリとタムラ
2004	10	16	ホストタウン　エイブル2

公開年	月	日	タイトル
2004	10	16	永遠の片想い
2004	10	16	エルヴィス・オン・ステージ　-SPECIAL EDITION-
2004	10	23	恋の門
2004	10	23	ナイトメアー・ビフォア・クリスマス
2004	10	23	ヴィンセント
2004	10	23	フランケンウィニー
2004	10	30	上海家族
2004	10	30	大脱走
2004	11	6	父と暮せば
2004	11	6	ぼくセザール10歳半　1m39cm
2004	11	6	オールド・ボーイ
2004	11	6	永遠のモータウン
2004	11	13	天国の青い蝶
2004	11	13	リアリズムの宿
2004	11	13	パリ・ルーヴル美術館の秘密
2004	11	13	炎のジプシー・ブラス　地図にない村から
2004	11	20	SAW ソウ
2004	11	20	フォッグ・オブ・ウォー　マクマナラ元米国防長官の告白
2004	11	27	茶の味
2004	11	27	僕はラジオ
2004	12	4	バーバー吉野
2004	12	4	丹下左膳　百万両の壺
2004	12	4	ソウル・オブ・マン
2004	12	4	デビルズ・ファイヤー
2004	12	4	レッド、ホワイト&ブルース
2004	12	11	ゴッドファーザー&サン
2004	12	16	フィール・ライク・ゴーイング・ホーム
2004	12	18	ロード・トゥ・メンフィス
2004	12	11	少女へジャル
2004	12	11	春夏秋冬そして春
2004	12	11	キッチン・ストーリー
2004	12	11	いかレスラー
2004	12	11	モーターサイクル・ダイアリーズ
2004	12	18	バレエ・カンパニー
2004	12	18	ドット・ジ・アイ
2004	12	25	バッドサンタ
2004	12	25	インストール
2005	1		モーターサイクル・ダイアリーズ
2005	1		バレエ・カンパニー
2005	1		バッドサンタ
2005	1		インストール
2005	1	2	子猫をお願い
2005	1	2	靴に恋して
2005	1	8	雨鱒の川
2005	1	8	約三十の嘘
2005	1	8	ニュースの天才
2005	1	8	ビハインド・ザ・サン
2005	1	15	透光の樹
2005	1	15	父、帰る
2005	1	15	シルヴィア

公開年	月	日	タイトル
2005	1	22	雲　息子への手紙
2005	1	22	パッチギ！
2005	1	22	CODE46
2005	1	29	新暗行御史
2005	1	29	五線譜のラブレター
2005	1	29	堕天使のパスポート
2005	1	29	晩春
2005	1	30	東京物語
2005	2	4	彼岸花
2005	2	5	突貫小僧
2005	2	5	大人の見る絵本　生れてはみたけれど
2005	2	6	お茶漬の味
2005	2	6	戸田家の兄妹
2005	2	9	麦秋
2005	2	9	秋刀魚の味
2005	2	5	珈琲時光
2005	2	5	問題のない私たち
2005	2	12	イブラヒムおじさんとコーランの花たち
2005	2	12	オーバードライヴ
2005	2	12	火火
2005	2	12	お父さんのバックドロップ
2005	2	16	ゴーストシャウト
2005	2	19	やさしい嘘
2005	2	19	ヴァンダの部屋
2005	2	19	ニワトリはハダシだ
2005	2	19	エレファント・マン

公開年	月	日	タイトル
2005	2	26	舞台よりすてきな生活
2005	2	26	エイプリルの七面鳥
2005	2	26	ピエロの赤い鼻
2005	2	26	スーパーサイズ・ミー
2005	2	26	犬猫
2005	3	5	らくだの涙
2005	3	5	ビヨンドtheシー　～夢見るように歌えば～
2005	3	5	戦争のはじめかた
2005	3	12	恋に落ちる確率
2005	3	12	ベルヴィル・ランデブー
2005	3	12	理由
2005	3	12	霧の中のハリネズミ
2005	3	12	キツネとウサギ
2005	3	12	愛しの青いワニ
2005	3	16	話の話
2005	3	16	25日・最初の日
2005	3	16	アオサギとツル
2005	3	19	いぬのえいが
2005	3	19	オオカミの誘惑
2005	3	19	青い車
2005	3	26	ライフ　イズ　コメディ！　ピーター・セラーズの愛し方
2005	3	26	ヴィタール
2005	3	26	アンナとロッテ
2005	3	26	ザ・ゴールデン・カップス　ワンモアタイム
2005	4	2	ベルリン・フィルと子どもたち

公開年	月	日	タイトル
2005	4	2	運命を分けたザイル
2005	4	2	エメラルド・カウボーイ
2005	4	9	トッポ・ジージョのボタン戦争
2005	4	9	山猫 【イタリア語・完全復元版】
2005	4	9	コーラス
2005	4	9	ユートピア
2005	4	16	真夜中の弥次さん喜多さん
2005	4	16	ブエノスアイレスの夜
2005	4	16	復讐者に憐れみを
2005	4	23	甘い人生
2005	4	23	トーク・トゥ・ハー
2005	4	27	オール・アバウト・マイ・マザー
2005	4	30	バッド・エデュケーション
2005	5	7	エターナル・サンシャイン
2005	5	14	サラ　いつわりの祈り
2005	5	14	バンジージャンプする
2005	5	14	英語完全征服
2005	5	14	岸辺のふたり
2005	5	21	ライトニング・イン・ア・ボトル　ラジオシティ・ミュージックホール奇蹟の夜
2005	5	28	デーモンラヴァー
2005	5	28	サイドウェイ
2005	5	28	故郷の香り
2005	5	28	スカーレットレター
2005	5	31	マゴニア
2005	6	4	Jam Films S

公開年	月	日	タイトル
2005	6	4	マシニスト
2005	6	11	愛の神、エロス
2005	6	11	海を飛ぶ夢
2005	6	11	トニー滝谷
2005	6	18	村の写真集
2005	6	18	シベリア超特急5
2005	6	18	シベリア超特急4
2005	6	18	シベリア超特急3
2005	6	18	シベリア超特急００・７　モスクワより愛をこめて
2005	6	18	緑玉紳士
2005	6	25	リチャード・ニクソン暗殺を企てた男
2005	6	25	誰が俺を狂わせるのか
2005	6	25	ピアノを弾く大統領
2005	6	25	ZOO[ズー]
2005	7	2	猟人日記
2005	7	2	氷雨
2005	7	2	人生の逆転
2005	7	9	同い年の家庭教師
2005	7	9	ファースト・キス
2005	7	9	大統領の理髪師
2005	7	9	エレニの旅
2005	7	16	それいけ！アンパンマン　ハピーの大冒険
2005	7	16	くろゆき姫とモテモテばいきんまん
2005	7	16	初恋白書
2005	7	16	コーヒー&シガレッツ

公開年	月	日	タイトル
2005	7	23	マイ・ブラザー
2005	7	23	皇帝ペンギン
2005	7	23	フェスティバル・エクスプレス
2005	7	30	ハサミ男
2005	7	30	レジェンド　三蔵法師の秘宝
2005	8	6	隣人13号
2005	8	6	リンダ　リンダ　リンダ
2005	8	6	Female[フィーメイル]
2005	8	13	ヒトラー　～最期の12日間～
2005	8	20	彼女を信じないでください
2005	8	20	美しい夜、残酷な朝
2005	8	27	マルチュク青春通り
2005	8	27	恋する神父
2005	9	3	サマータイムマシンブルース
2005	9	3	サマリア
2005	9	10	ライフ・アクアティック
2005	9	10	ヴェラ・ドレイク
2005	9	10	イン・ザ・プール
2005	9	17	17歳の風景
2005	9	17	ノミソング
2005	9	23	ウィスキー
2005	9	23	ルパン
2005	9	24	ベルンの奇蹟
2005	9	24	運命じゃない人
2005	9	24	Dearフランキー
2005	9	24	ダンシング・ハバナ

公開年	月	日	タイトル
2005	10	1	ふたりの5つの分かれ路
2005	10	1	メゾン・ド・ヒミコ
2005	10	8	チャイルド・プレイ　チャッキーの種
2005	10	8	ブリジット
2005	10	15	マザー・テレサ
2005	10	15	亀は意外と速く泳ぐ
2005	10	15	千年湖
2005	10	29	ラヴェンダーの咲く庭で
2005	10	29	バス174
2005	10	29	メリンダとメリンダ
2005	10	29	さよなら、さよならハリウッド
2005	10	29	タナカヒロシのすべて
2005	10	29	眠狂四郎　勝負
2005	10	29	新・平家物語
2005	10	31	炎上
2005	10	31	華岡青洲の妻
2005	11	2	好色一代男
2005	11	2	ある殺し屋
2005	11	4	眠狂四郎　女妖剣
2005	11	4	大菩薩峠
2005	11	6	破戒
2005	11	6	斬る
2005	11	8	歌行燈
2005	11	8	蛇姫様
2005	11	10	剣
2005	11	10	忍びの者

公開年	月	日	タイトル
2005	11	5	リトルバーズ　-イラク戦火の家族たち-
2005	11	5	微笑みに出逢う街角
2005	11	5	八月のクリスマス
2005	11	12	親切なクムジャさん
2005	11	12	いつか読書する日
2005	11	19	カーテンコール（2004）
2005	11	26	8月のクリスマス
2005	12	3	サヨナラCOLOR
2005	12	10	理想の女
2005	12	17	ヴェニスの商人（2004）
2005	12	17	トゥルーへの手紙
2005	12	17	銀河ヒッチハイク・ガイド
2005	12	24	魁!!クロマティ高校　THE MOVIE
2005	12	24	乱歩地獄
2005	12	31	大いなる休暇
2005	12	31	ミリオンズ
2006	1		ヴェニスの商人（2004）
2006	1		魁!!クロマティ高校　THE MOVIE
2006	1		乱歩地獄
2006	1		大いなる休暇
2006	1		ミリオンズ
2006	1	7	マジック・キッチン
2006	1	7	スカイ・オブ・ラブ
2006	1	7	スター・ランナー
2006	1	7	ロード・オブ・ドッグタウン
2006	1	14	ベルベット・レイン

公開年	月	日	タイトル
2006	1	14	疾走
2006	1	21	亀も空を飛ぶ
2006	1	28	ポビーとディンガン
2006	1	28	スクラップ・ヘブン
2006	1	28	B型の彼氏
2006	2	4	クレールの刺繍
2006	2	4	変身
2006	2	11	ランド・オブ・プレンティ
2006	2	11	美しき野獣
2006	2	18	空中庭園
2006	2	18	エイリアンVSヴァネッサ・パラディ
2006	2	25	ブラックキス
2006	2	25	NOTHING［ナッシング］
2006	3	4	力道山
2006	3	4	カナリア
2006	3	4	スキージャンプ・ペア
2006	3	11	あおげば尊し
2006	3	11	スクールデイズ
2006	3	18	イノセント・ボイス　12歳の戦場
2006	3	18	モンドヴィーノ
2006	3	18	ある子供
2006	3	18	ウォレスとグルミット　野菜畑で大ピンチ！
2006	3	25	メトロで恋して
2006	4	1	ブロークバック・マウンテン
2006	4	1	ジョージ・マイケル　～素顔の告白～
2006	4	1	世界

公開年	月	日	タイトル
2006	4	8	寝ずの番
2006	4	8	シムソンズ
2006	4	8	風の前奏曲
2006	4	15	クラッシュ（2005）
2006	4	15	アワーミュージック
2006	4	22	ホテル・ルワンダ
2006	4	22	僕と未来とブエノスアイレス
2006	4	29	シリアナ
2006	4	29	天空の草原のナンサ
2006	4	29	ブロークン・フラワーズ
2006	5	6	ビッグ・スウィンドル！
2006	5	6	白バラの祈り　ゾフィー・ショル、最期の日々
2006	5	6	誰がために
2006	5	6	歓びを歌にのせて
2006	5	6	パリところどころ
2006	5	13	トンケの蒼い空
2006	5	13	小さな恋のステップ
2006	5	13	ナイロビの蜂
2006	5	13	グッドナイト&グッドラック
2006	5	20	アメリカ、家族のいる風景
2006	5	20	アクメッド王子の冒険
2006	5	20	カルメン
2006	5	20	パパゲーノ
2006	5	20	ガラテア
2006	5	20	眠れる森の美女
2006	5	20	長靴をはいた猫

公開年	月	日	タイトル
2006	5	20	ブコウスキー：オールドパンク
2006	5	20	ヒストリー・オブ・バイオレンス
2006	5	27	雪に願うこと
2006	5	27	嫌われ松子の一生
2006	5	27	愛より強い旅
2006	6	3	青い棘
2006	6	3	RENT　レント
2006	6	3	メルキアデス・エストラーダの3度の埋葬
2006	6	3	僕のニューヨークライフ
2006	6	7	赤ちゃんの逆襲
2006	6	10	初恋（2006）
2006	6	10	レアル・ザ・ムービー
2006	6	17	エリ・エリ・レマ・サバクタニ
2006	6	17	ロバと王女
2006	6	17	美しき運命の傷痕
2006	6	17	三年身籠る
2006	6	24	二人日和
2006	6	24	好きだ、
2006	6	24	ホワイト・プラネット
2006	6	24	カサノバ（2005）
2006	7	1	カミュなんて知らない
2006	7	1	るにん
2006	7	1	アンリ・カルティエ=ブレッソン　瞬間の記憶
2006	7	1	間宮兄弟
2006	7	1	リトル・ランナー
2006	7	8	真夜中のピアニスト

公開年	月	日	タイトル
2006	7	8	ククーシュカ
2006	7	8	立喰師列伝
2006	7	8	コアラ課長
2006	7	8	マンダレイ
2006	7	8	戦場のアリア
2006	7	8	心霊写真
2006	7	8	ラストデイズ　カート・コバーン最期の2日間
2006	7	13	スパイモンキー
2006	7	15	それいけ!アンパンマン　いのちの星のドーリィ
2006	7	15	コキンちゃんとあおいなみだ
2006	7	15	水霊　ミズチ
2006	7	15	アマデウス　ディレクターズカット版
2006	7	15	送還日記
2006	7	15	ココシリ
2006	7	22	胡同のひまわり
2006	7	22	雨の町
2006	7	22	ハチミツとクローバー
2006	7	22	GINGA ジンガ
2006	7	29	怪談新耳袋　ノブヒロさん
2006	7	29	愛より強く
2006	7	29	死者の書【序章：ひさかたの天二上】
2006	7	29	Respect 川本喜八郎
2006	7	29	ふたりのベロニカ
2006	8	5	奇跡の夏
2006	8	5	欲望
2006	8	5	かもめ食堂
2006	8	5	隠された記憶
2006	8	5	ビッグリバー
2006	8	12	ぼくを葬る
2006	8	12	ハイジ
2006	8	12	マイ・アーキテクト　ルイス・カーンを探して
2006	8	12	太陽に恋して
2006	8	19	ナイスの森
2006	8	19	ディセント
2006	8	19	玲玲の電影日記
2006	8	19	狩人と犬、最後の旅
2006	8	26	笑う大天使
2006	8	26	カクタス・ジャック
2006	8	26	リトル・イタリーの恋
2006	8	26	君とボクの虹色の世界
2006	9	1	家の鍵
2006	9	2	ゆれる
2006	9	2	うつせみ
2006	9	2	グエムル　漢江の怪物
2006	9	2	レイヤー・ケーキ
2006	9	9	時をかける少女（2006）
2006	9	9	2番目のキス
2006	9	9	イベリア　魂のフラメンコ
2006	9	9	ブライアン・ジョーンズ　ストーンズから消えた男
2006	9	16	恋するトマト

公開年	月	日	タイトル
2006	9	16	13歳の夏に僕は生まれた
2006	9	16	紙屋悦子の青春
2006	9	16	蛇イチゴ
2006	9	23	LOFT　ロフト
2006	9	23	フラガール
2006	9	30	プルートで朝食を
2006	9	30	夜よ、こんにちは
2006	9	30	マッチ・ポイント
2006	9	30	神の左手　悪魔の右手
2006	10	7	劇場版　遥かなる時空の中で　舞一夜
2006	10	7	旅の贈りもの　0：00発
2006	10	7	クライング・フィスト
2006	10	7	ジャスミンの花開く
2006	10	7	ダメジン
2006	10	14	フーリガン
2006	10	14	カポーティ
2006	10	14	サムサッカー
2006	10	14	ローズ・イン・タイドランド
2006	10	21	愛と死の間で
2006	10	21	マスター・オブ・サンダー
2006	10	21	THE WINDS OF GOD
2006	10	28	美しい人
2006	10	28	木更津キャッツアイ　ワールドシリーズ
2006	10	28	トンマッコルへようこそ
2006	11	4	男はソレを我慢できない
2006	11	4	ミッドナイトムービー

公開年	月	日	タイトル
2006	11	11	トランスアメリカ
2006	11	11	ハードキャンディ
2006	11	11	太陽（2005）
2006	11	18	靴に恋する人魚
2006	11	18	ファザー、サン
2006	11	21	エルミタージュ幻想
2006	11	22	日陽はしづかに発酵し…
2006	11	25	そうかもしれない
2006	11	25	記憶の棘
2006	11	25	キンキーブーツ
2006	11	25	青春☆金属バット
2006	11	25	サラバンド
2006	11	25	ストロベリーショートケイクス
2006	12	2	サージェント・ペッパー　ぼくの友だち
2006	12	2	サンキュー・スモーキング
2006	12	2	夢遊ハワイ
2006	12	2	深海　Blue Cha-Cha
2006	12	2	王と鳥
2006	12	9	薬指の標本
2006	12	9	親密すぎるうちあけ話
2006	12	9	敬愛なるベートーヴェン
2006	12	9	日本以外全部沈没
2006	12	9	王の男
2006	12	16	パビリオン山椒魚
2006	12	16	ヅラ刑事
2006	12	16	いちばんきれいな水

公開年	月	日	タイトル
2006	12	23	エコール
2006	12	23	リトル・ミス・サンシャイン
2006	12	23	アガサ・クリスティーの奥さまは名探偵
2006	12	23	パプリカ
2007	1		敬愛なるベートーヴェン
2007	1		王の男
2007	1		エコール
2007	1		リトル・ミス・サンシャイン
2007	1		アガサ・クリスティーの奥さまは名探偵
2007	1		パプリカ
2007	1	6	暗いところで待ち合わせ
2007	1	6	ファイナル・デッドコースター
2007	1	6	明日へのチケット
2007	1	6	ゆれる
2007	1	6	母たちの村
2007	1	6	麦の穂をゆらす風
2007	1	13	幸福のスイッチ
2007	1	13	めぐみ　-引き裂かれた家族の30年-
2007	1	20	こまねこ
2007	1	20	待合室
2007	1	20	セレブの種
2007	1	20	HOSTEL
2007	1	20	イカとクジラ
2007	1	20	海でのはなし。
2007	1	25	ドリームシップエピソード½
2007	1	27	無花果の顔

公開年	月	日	タイトル
2007	1	27	ラジニカーント★チャンドラムキ　踊る!アメリカ帰りのゴーストバスター
2007	1	27	unknown（2006）
2007	1	27	インビジブル2
2007	1	27	魂萌え!
2007	2	3	酒井家のしあわせ
2007	2	3	世界最速のインディアン
2007	2	3	Block Party ブロックパーティー
2007	2	3	キャッチボール屋
2007	2	10	百万長者の初恋
2007	2	10	フラガール
2007	2	10	フランキー・ワイルドの素晴らしき世界
2007	2	10	担え銃
2007	2	10	キッド
2007	2	11	犬の生活
2007	2	11	巴里の女性
2007	2	10	のらくら
2007	2	10	黄金狂時代
2007	2	11	サーカス
2007	2	12	街の灯
2007	2	12	モダン・タイムス
2007	2	15	独裁者
2007	2	24	殺人狂時代
2007	2	28	ライムライト
2007	2	17	長い散歩
2007	2	17	ダーウィンの悪夢

公開年	月	日	タイトル
2007	2	24	クリムト
2007	2	24	ハザード
2007	2	24	人生は、奇跡の詩
2007	2	17	愛しきベイルート　アラブの歌姫
2007	2	20	アート・オブ・トイピアノ　マーガレット・レン・タンの世界
2007	2	23	12タンゴ　ブエノスアイレスへの往復切符
2007	2	26	KILL YOUR IDOLS
2007	3	1	MIXTAPE
2007	3	3	あるいは裏切りという名の犬
2007	3	3	キング　罪の王
2007	3	3	弓
2007	3	3	さくらん
2007	3	10	悪夢探偵
2007	3	10	上海の伯爵夫人
2007	3	10	デート・ウィズ・ドリュー
2007	3	10	ウール100%
2007	3	10	蟻の兵隊
2007	3	10	エンロン
2007	3	17	アジアンタムブルー
2007	3	17	鉄コン筋クリート
2007	3	17	市川崑物語
2007	3	24	ベルナのしっぽ
2007	3	24	ユア・マイ・サンシャイン
2007	3	24	マーダーボール
2007	3	24	ファースト・ディセント

公開年	月	日	タイトル
2007	3	24	フリージア
2007	3	24	ジョジョの奇妙な冒険　ファントムブラッド
2007	3	24	ブラザーズ・オブ・ザ・ヘッド
2007	3	24	ヘンダーソン夫人の贈り物
2007	3	24	子宮の記憶
2007	3	24	Water
2007	3	31	あかね空
2007	3	31	長州ファイブ
2007	3	31	愛されるために、ここにいる
2007	3	31	SMILE　人が人を愛する旅
2007	4	7	叫
2007	4	7	グアンタナモ、僕達が見た真実
2007	4	7	ブラックブック
2007	4	7	オーロラ
2007	4	7	ユメ十夜
2007	4	14	みえない雲
2007	4	14	ポリス　インサイド・アウト
2007	4	14	プレスリーVSミイラ男
2007	4	21	善き人のためのソナタ
2007	4	21	ルナシー
2007	4	21	クィーン
2007	4	21	神童
2007	4	28	パリ、ジュテーム
2007	4	28	トリノ、24時からの恋人たち
2007	4	28	ナオミ・ワッツ　プレイズ　エリー・パーカー
2007	5	5	ルワンダの涙

公開年	月	日	タイトル
2007	5	5	パッチギ！
2007	5	5	合唱ができるまで
2007	5	5	不都合な真実
2007	5	5	悪魔とダニエル・ジョンストン
2007	5	12	プルコギ
2007	5	12	初雪の恋
2007	5	12	情痴　アヴァンチュール
2007	5	19	キトキト！
2007	5	19	主人公は僕だった
2007	5	19	パッチギ！ LOVE&PEACE
2007	5	19	NARA：奈良美智との旅の記録
2007	5	26	ボラット　栄光ナル国家カザフスタンのためのアメリカ文化学習
2007	5	26	しゃべれどもしゃべれども
2007	5	26	エレクション
2007	6	2	監督・ばんざい！
2007	6	2	渋谷区円山町
2007	6	2	ユアン少年と小さな英雄
2007	6	9	赤い鯨と白い蛇
2007	6	9	松ヶ根乱射事件
2007	6	9	今宵、フィッツジェラルド劇場で
2007	6	9	ロストロポーヴィチ　人生の祭典
2007	6	16	クィーン
2007	6	16	秒速5センチメートル
2007	6	16	雲の向こう、約束の場所
2007	6	16	檸檬のころ

公開年	月	日	タイトル
2007	6	16	あるスキャンダルの覚え書き
2007	6	23	華麗なる恋の舞台で
2007	6	23	星影のワルツ
2007	6	23	おまえを逮捕する
2007	6	23	口裂け女
2007	6	23	13／ザメッティ
2007	6	30	選挙
2007	6	30	サイドカーに犬
2007	6	30	恋しくて
2007	6	30	カインの末裔
2007	6	30	転校生　さよならあなた
2007	6	30	パラダイス・ナウ
2007	6	30	フランシスコの2人の息子
2007	6	30	ケータイ刑事　THE MOVIE 2
2007	7	7	傷だらけの男たち
2007	7	7	鉄人28号　白昼の残月
2007	7	7	スターフィッシュホテル
2007	7	14	それいけ！アンパンマン　シャボン玉のプルン
2007	7	14	ホラーマンとホラ・ホラコ
2007	7	14	ボンボン
2007	7	14	ドレスデン、運命の日
2007	7	14	BRICK　ブリック
2007	7	14	モーツァルトとクジラ
2007	7	14	明日、君がいない
2007	7	21	サン・ジャックへの道
2007	7	21	ニキフォル　知られざる天才画家の肖像

公開年	月	日	タイトル
2007	7	21	ラブデス
2007	7	21	ダフト・パンク　エレクトロマ
2007	7	28	魔笛
2007	7	28	ツォツィ
2007	7	28	ロニー　～MODSとROCKが恋した男～
2007	7	28	吉祥天女
2007	7	28	恋人たちの失われた革命
2007	8	4	キサラギ
2007	8	4	フランドル
2007	8	4	あしたの私のつくり方
2007	8	4	クロッシング・ザ・ブリッジ
2007	8	11	夕凪の街　桜の国
2007	8	11	ファウンテン　永遠につづく愛
2007	8	11	ボルベール〈帰郷〉
2007	8	11	ピンチクリフ・グランプリ
2007	8	11	アパートメント（2006）
2007	8	18	ヒロシマ　ナガサキ
2007	8	18	キャプテン（2007）
2007	8	18	消えた天使
2007	8	25	恋するマドリ
2007	8	25	天然コケッコー
2007	8	25	恋愛睡眠のすすめ
2007	9	1	腑抜けども、悲しみの愛を見せろ
2007	9	8	殯の森
2007	9	8	それでも生きる子供たちへ
2007	9	8	私たちの幸せな時間

公開年	月	日	タイトル
2007	9	8	絶対の愛
2007	9	15	ミス・ポター
2007	9	15	輝ける女たち
2007	9	15	垂乳女
2007	9	15	Shadow／影
2007	9	22	リトル・チルドレン
2007	9	22	Genius Party
2007	9	22	劇場版アクエリオン
2007	9	22	原爆の子
2007	9	22	ある映画監督の生涯　溝口健二の記録
2007	9	22	竹山ひとり旅
2007	9	23	裸の島
2007	9	23	わが道
2007	9	24	母
2007	9	25	午後の遺言状
2007	9	29	陸に上った軍艦
2007	9	29	エディット・ピアフ　愛の讃歌
2007	9	29	約束の旅路
2007	9	29	ルネッサンス
2007	10	6	サウスバウンド
2007	10	6	アズールとアスマール
2007	10	6	パンズ・ラビリンス
2007	10	6	カート・コバーン　アバウト・ア・サン
2007	10	6	河童のクゥと夏休み
2007	10	6	スケッチ・オブ・フランク・ゲーリー
2007	10	13	TOKKO 特攻

公開年	月	日	タイトル
2007	10	13	アヒルと鴨のコインロッカー
2007	10	20	コマンダンテ
2007	10	20	シッコ
2007	10	20	スクリーミング・マスターピース
2007	10	27	図鑑に載ってない虫
2007	10	27	自虐の詩
2007	10	27	M
2007	10	27	ミルコのひかり
2007	10	27	クワイエットルームにようこそ
2007	11	3	サッドヴァケイション
2007	11	3	アフロサムライ
2007	11	10	プロヴァンスの贈りもの
2007	11	10	ひめゆり
2007	11	10	ショートバス
2007	11	10	長江哀歌
2007	11	10	過去のない男
2007	11	14	浮き雲
2007	11	17	街のあかり
2007	11	17	マルチェロ・マストロヤンニ　甘い追憶
2007	11	17	題名のない子守唄
2007	11	17	私のちいさなピアニスト
2007	11	17	旅芸人の記録
2007	11	24	悲情城市
2007	12	1	ピアノ・レッスン
2007	11	24	肩ごしの恋人
2007	11	24	サルバドールの朝

公開年	月	日	タイトル
2007	11	24	マラノーチェ
2007	11	24	石の微笑
2007	12	1	犯人に告ぐ
2007	12	1	めがね
2007	12	1	北極のナヌー
2007	12	1	グラストンベリー
2007	12	1	マリア
2007	12	8	ふみ子の海
2007	12	8	大統領暗殺
2007	12	8	グレン・グールド　27歳の記憶
2007	12	8	sadistic mica band
2007	12	8	厨房で逢いましょう
2007	12	8	恋とスフレと娘とわたし
2007	12	15	不完全なふたり
2007	12	15	インランド・エンパイア
2007	12	15	サイボーグでも大丈夫
2007	12	15	LONDON CALLING
2007	12	15	トランシルヴァニア
2007	12	18	そして、デブノーの森へ
2007	12	20	イラク-狼の谷-
2007	12	22	Little　DJ　小さな恋の物語
2007	12	22	魍魎の匣
2007	12	22	PEACE　BED　アメリカVSジョン・レノン
2007	12	22	この道は母へとつづく
2007	12	22	タロットカード殺人事件
2007	12	29	チャーリーとパパの飛行機

公開年	月	日	タイトル
2008	1		PEACE BED アメリカVSジョン・レノン
2008	1		Little DJ 小さな恋の物語
2008	1		魍魎の匣
2008	1		この道は母へとつづく
2008	1		タロットカード殺人事件
2008	1		チャーリーとパパの飛行機
2008	1	5	イタリア的、恋愛マニュアル
2008	1	5	Candy キャンディ
2008	1	5	This is BOSSA NOVA
2008	1	5	キサラギ
2008	1	5	ノートに眠った願いごと
2008	1	5	いのちの食べかた
2008	1	5	ダーウィン・アワード
2008	1	12	再会の街で
2008	1	12	転々
2008	1	12	ウェイトレス
2008	1	19	ネガティブハッピー・チェーンソーエッヂ
2008	1	19	シルク
2008	1	19	ホステル2
2008	1	23	ロケットマン！
2008	1	26	明るい瞳
2008	1	26	チャプター27
2008	1	26	4分間のピアニスト
2008	1	26	酔いどれ詩人になるまえに
2008	2	2	ラスト、コーション
2008	2	2	歓喜の歌

公開年	月	日	タイトル
2008	2	9	アフター・ウェディング
2008	2	9	君の涙 ドナウに流れ ハンガリー1956
2008	2	9	グミ・チョコレート・パイン
2008	2	9	ROBO★ROCK
2008	2	16	奈緒子
2008	2	16	ペルセポリス
2008	2	16	たとえ世界が終わっても
2008	2	23	潜水服は蝶の夢を見る
2008	2	23	その名にちなんで
2008	2	23	エンジェル
2008	3	1	明日への遺言
2008	3	1	人のセックスを笑うな
2008	3	1	たゆたう
2008	3	8	ミリキタニの猫
2008	3	8	子猫の涙
2008	3	8	北辰斜にさすところ
2008	3	8	暗殺 リトビネンコ事件
2008	3	8	ダージリン急行
2008	3	15	ある愛の風景
2008	3	8	母なることの由来
2008	3	15	母なるひとの言葉
2008	3	15	俺たちフィギュアスケーター
2008	3	15	once ダブリンの街角で
2008	3	22	ポストマン
2008	3	22	魁!!男塾
2008	3	22	ペネロピ

公開年	月	日	タイトル
2008	3	22	ジャーマン+雨
2008	3	29	ぜんぶ、フィデルのせい
2008	3	29	レンブラントの夜警
2008	3	29	全然大丈夫
2008	3	29	ゾンビーノ
2008	3	30	壁男
2008	4	5	うた魂♪
2008	4	5	レディ・チャタレー　ディレクターズカット版
2008	4	5	幽霊VS宇宙人
2008	4	10	1303号室
2008	4	12	君のためなら千回でも
2008	4	12	マリア・カラス最後の恋
2008	4	12	ここに幸あり
2008	4	12	ジプシー・キャラバン
2008	4	12	サラエボの花
2008	4	19	風の外側
2008	4	19	白い馬の季節
2008	4	19	団塊ボーイズ
2008	4	19	頭山
2008	4	19	年をとった鰐
2008	4	19	校長先生とクジラ
2008	4	19	こどもの形而上学
2008	4	19	カフカ　田舎医者
2008	4	19	シアトリカル　唐十郎と劇団唐組の記録
2008	4	26	ブラブラバンバン
2008	4	26	ゼア・ウィル・ビー・ブラッド

公開年	月	日	タイトル
2008	4	26	アイム・ノット・ゼア
2008	4	26	ちーちゃんは悠久の向こう
2008	4	26	あの空をおぼえてる
2008	5	3	やわらかい手
2008	5	3	ミスター・ロンリー
2008	5	10	4ヶ月、3週と2日
2008	5	10	ハーフェズ　ペルシャの詩
2008	5	10	ハンティング・パーティ
2008	5	10	パーク　アンド　ラブホテル
2008	5	10	ヴィットリオ広場のオーケストラ
2008	5	17	スルース
2008	5	17	フローズン・タイム
2008	5	17	おそいひと
2008	5	17	トゥヤーの結婚
2008	5	17	アニー・リーボヴィッツ　レンズの向こうの人生
2008	5	17	コントロール
2008	5	24	中国の植物学者の娘たち
2008	5	24	東京少年
2008	5	24	花影
2008	5	24	夜顔
2008	5	24	実録・連合赤軍　あさま山荘への道程
2008	5	24	プライスレス　素敵な恋の見つけ方
2008	5	31	ゼロ時間の謎
2008	5	31	胡同の理髪師
2008	5	31	タクシデルミア　ある剥製師の遺言

公開年	月	日	タイトル
2008	5	31	胎児が密猟する時
2008	5	31	犯された白衣
2008	6	4	壁の中の秘事
2008	6	4	処女ゲバゲバ
2008	6	7	東京少女
2008	6	7	地上5センチの恋心
2008	6	7	ノーカントリー
2008	6	7	ファクトリー・ガール
2008	6	7	パレスチナ1948　NAKBA
2008	6	7	いのちの食べかた
2008	6	7	今夜、列車は走る
2008	6	7	おいしいコーヒーの真実
2008	6	7	名もなく貧しく美しく
2008	6	14	その人は昔
2008	6	14	DIVE!!
2008	6	14	JUNO
2008	6	14	ファーストフード・ネイション
2008	6	14	国道20号線
2008	6	21	つぐない
2008	6	21	西の魔女が死んだ
2008	6	21	非現実の王国で　ヘンリー・ダーガーの謎
2008	6	21	道
2008	6	28	フェリーニ　大いなる嘘つき
2008	6	29	崖
2008	6	28	ミラクル7号
2008	6	28	ぐるりのこと。

公開年	月	日	タイトル
2008	7	5	光州5・18
2008	7	5	迷子の警察音楽隊
2008	7	5	≒草間彌生　わたし大好き
2008	7	5	ジェイン・オースティンの読書会
2008	7	12	それいけ!アンパンマン　妖精リンリンのひみつ
2008	7	12	ヒヤヒヤヒヤリコとばぶばぶばいきんまん
2008	7	12	山桜
2008	7	12	ラフマニノフ　ある愛の調べ
2008	7	12	近距離恋愛
2008	7	12	今、愛する人と暮らしていますか?
2008	7	19	バレエ・リュス　踊る歓び、生きる歓び
2008	7	19	ワン・ミス・コール
2008	7	19	歩いても　歩いても
2008	7	26	痛いほどきみが好きなのに
2008	7	26	靖国
2008	7	26	パラノイド・パーク
2008	8	1	インクレディブル　ハルク
2008	8	2	鳥の巣
2008	8	2	美しすぎる母
2008	8	9	パリ、恋人たちの2日間
2008	8	9	いま　ここにある風景
2008	8	9	火垂るの墓(2008)
2008	8	9	リボルバー
2008	8	16	カンフーダンク!
2008	8	16	愛流通センター

公開年	月	日	タイトル
2008	8	16	コミュニストはSEXがお上手?
2008	8	23	バグズ・ワールド
2008	8	23	スウェーディッシュ・ラブ・ストーリー
2008	8	23	庭から昇ったロケット雲
2008	8	23	世界で一番美しい夜
2008	8	23	ラストゲーム　最後の早慶戦
2008	8	23	片腕マシンガール
2008	8	23	風を聴く
2008	8	23	接吻
2008	8	30	愛おしき隣人
2008	8	30	マンデラの名もなき看守
2008	8	30	イースタン・プロミス
2008	8	30	後悔なんてしない
2008	9	6	この自由な世界で
2008	9	6	グーグーだって猫である
2008	9	6	ぼくの大切なともだち
2008	9	6	イントゥ・ザ・ワイルド
2008	9	13	ネコナデ
2008	9	13	純喫茶磯辺
2008	9	13	たみおのしあわせ
2008	9	20	闘茶　Tea Fight
2008	9	20	天井桟敷の人々　第1部「犯罪大通り」第2部「白い男」
2008	9	21	ニュー・シネマ・パラダイス
2008	9	21	ルートヴィヒ
2008	9	27	トウキョウソナタ
2008	9	27	百万円と苦虫女
2008	9	27	水の中のつぼみ
2008	9	27	ドモ又の死
2008	9	30	ライフ　オン　ザ　ロングボード
2008	10	2	サンシャインデイズ
2008	10	4	赤い風船
2008	10	4	白い馬（1953）
2008	10	4	ジャージの二人
2008	10	11	あの日の指輪を待つきみへ
2008	10	11	アクロス・ザ・ユニバース
2008	10	11	シティ・オブ・メン
2008	10	18	きみの友だち
2008	10	18	言えない秘密
2008	10	18	ビューティフル・ルーザーズ
2008	10	18	赤んぼ少女
2008	10	25	闇の子供たち
2008	10	25	蛇にピアス
2008	11	1	コレラの時代の愛
2008	11	1	ハンサム★スーツ
2008	11	8	TOKYO!
2008	11	8	ホットファズ -俺たちスーパーポリスメン!-
2008	11	15	丘を越えて
2008	11	15	石内尋常高等小學校　花は散れども
2008	11	15	ヤング@ハート
2008	11	15	タカダワタル的ゼロ

公開年	月	日	タイトル
2008	11	22	敵こそ、我が友～戦犯クラウス・バルビーの3つの人生～
2008	11	22	落語娘
2008	11	22	帝国オーケストラ　ディレクターズカット版
2008	11	22	俺たちダンクシューター
2008	11	29	休暇
2008	11	29	落下の王国
2008	11	29	コドモのコドモ
2008	11	29	12人の怒れる男（2007）
2008	12	6	ブロードウェイ♪ブロードウェイ　コーラスラインにかける夢
2008	12	6	秋深き
2008	12	13	ブタがいた教室
2008	12	13	マルタのやさしい刺繍
2008	12	13	東南角部屋二階の女
2008	12	20	わが教え子、ヒトラー
2008	12	20	P2
2008	12	20	ホームレスが中学生
2008	12	24	少林老女
2008	12	27	僕は君のために蝶になる
2008	12	27	僕らのミライへ逆回転
2008	12	27	ヤーチャイカ
2009	1		ブロードウェイ♪ブロードウェイ　コーラスラインにかける夢
2009	1		ブタがいた教室
2009	1		マルタのやさしい刺繍

公開年	月	日	タイトル
2009	1		わが教え子、ヒトラー
2009	1		僕は君のために蝶になる
2009	1		僕らのミライへ逆回転
2009	1		ヤーチャイカ
2009	1	3	DISCO
2009	1	3	ブロークン
2009	1	3	その日のまえに
2009	1	10	禅　ZEN
2009	1	10	青い鳥（2008）
2009	1	10	ベティの小さな秘密
2009	1	17	チベットチベット
2009	1	17	ファン・ジニ
2009	1	17	夢のまにまに
2009	1	17	俺たちに明日はないッス
2009	1	17	地球でたったふたり
2009	1	22	変態〝ピ〟エロ
2009	1	24	ベルリン・フィル　最高のハーモニーを求めて
2009	1	24	アラトリステ
2009	1	31	画家と庭師とカンパーニュ
2009	1	31	ラースと、その彼女
2009	2	7	未来を写した子どもたち
2009	2	7	地下室のメロディ
2009	2	7	戦場にかける橋
2009	2	7	その土曜日、7時58分
2009	2	7	ザ・ローリング・ストーンズ　シャイン・ア・ライト

公開年	月	日	タイトル
2009	2	7	恋愛上手になるために
2009	2	11	かくも長き不在
2009	2	14	ランジェ公爵夫人
2009	2	14	大阪ハムレット
2009	2	14	真木栗ノ穴
2009	2	19	ロスト・ワールド
2009	2	21	獣人
2009	2	21	ノートルダムのせむし男（1956）
2009	2	25	昼顔
2009	2	28	太陽がいっぱい
2009	2	28	望郷
2009	3	5	太陽はひとりぼっち
2009	2	21	戦場のレクイエム
2009	2	21	永遠のこどもたち
2009	2	28	カフーを待ちわびて
2009	2	28	ぼくのおばあちゃん
2009	2	28	悪夢探偵2
2009	3	7	彼女の名はサビーヌ
2009	3	7	ダウト　～あるカトリック学校で～
2009	3	14	そして、私たちは愛に帰る
2009	3	14	エグザイル／絆
2009	3	21	旅立ち　～足寄より～
2009	3	21	泣きたいときのクスリ
2009	3	28	英国王給仕人に乾杯！
2009	3	28	魔法遣いに大切なこと
2009	4	4	ディファイアンス

公開年	月	日	タイトル
2009	4	4	エレジー
2009	4	4	アリア
2009	4	11	ノン子36歳（家事手伝い）
2009	4	11	ロルナの祈り
2009	4	18	スラムドッグ$ミリオネア
2009	4	18	PARIS パリ
2009	4	25	PLASTIC CITY　プラスティック・シティ
2009	4	25	恋極星
2009	5	2	罪とか罰とか
2009	5	2	ワンダーラスト
2009	5	9	三国志（2008）
2009	5	9	フロスト×ニクソン
2009	5	9	トレインスポッティング
2009	5	9	THIS IS ENGLAND
2009	5	9	ザ・ショートフィルム・オブ・デヴィッド・リンチ
2009	5	9	ダムランド
2009	5	10	ザ・ベスト・オブ・デヴィッド・リンチ・ドット・コム
2009	5	11	イレイザー・ヘッド
2009	5	16	懺悔
2009	5	16	サスペリア・テルザ　最後の魔女
2009	5	23	ラ・ボエーム
2009	5	23	マリア・カラスの真実
2009	5	23	いのちの戦場
2009	5	23	ハーヴェイ・ミルク

公開年	月	日	タイトル
2009	5	23	クローンは故郷をめざす
2009	5	30	シェルブールの雨傘
2009	5	30	ロシュフォールの恋人たち
2009	5	30	Beauty
2009	5	30	シリアの花嫁
2009	5	30	いとしい人
2009	6	6	フィッシュストーリー
2009	6	6	ホルテンさんのはじめての冒険
2009	6	6	ハリウッド監督学入門
2009	6	13	島田洋七の佐賀のがばいばあちゃん
2009	6	13	THE CODE／暗号
2009	6	13	沈黙を破る
2009	6	13	ぼっこまい高松純情シネマ
2009	6	20	ニセ札
2009	6	20	守護天使
2009	6	20	鈍獣
2009	6	27	レイチェルの結婚
2009	6	27	群青　愛が沈んだ海の色
2009	7	4	アンティーク～西洋骨董洋菓子店～
2009	7	4	リリィ、はちみつ色の秘密
2009	7	11	映画は映画だ
2009	7	11	雪の下の炎
2009	7	11	ダイアナの選択
2009	7	11	プリミ恥部な世界
2009	7	18	精神
2009	7	18	ハイキック・ガール！

公開年	月	日	タイトル
2009	7	25	小三治
2009	7	25	チェイサー
2009	7	25	レスラー
2009	8	1	山形スクリーム
2009	8	1	チェチェンへ　アレクサンドラの旅
2009	8	8	幼獣マメシバ
2009	8	8	妻の貌
2009	8	8	ウルトラミラクルラブストーリー
2009	8	15	路上のソリスト
2009	8	15	嗚呼　満蒙開拓団
2009	8	22	花と兵隊
2009	8	22	四川のうた
2009	8	22	8月のシンフォニー
2009	8	22	ディア・ドクター
2009	8	22	チョコレート・ファイター
2009	8	29	サガン -悲しみよ　こんにちは-
2009	8	29	USB
2009	9	5	子供の情景
2009	9	5	セントアンナの奇跡
2009	9	12	マン・オン・ワイヤー
2009	9	12	インスタント沼
2009	9	12	蟹工船
2009	9	12	buy a suit スーツを買う
2009	9	12	ＴＯＫＹＯレンダリング詞集
2009	9	19	扉をたたく人
2009	9	19	いけちゃんとぼく

公開年	月	日	タイトル
2009	9	26	ココ・シャネル
2009	9	26	台湾人生
2009	9	26	縞模様のパジャマの少年
2009	9	26	エンプレス
2009	9	26	ウェディング・ベルを鳴らせ！
2009	10	3	空気人形
2009	10	10	女の子ものがたり
2009	10	10	湖のほとりで
2009	10	17	ちゃんと伝える
2009	10	24	幸せはシャンソニア劇場から
2009	10	24	吸血少女対少女フランケン
2009	10	31	わたし出すわ
2009	10	31	のんちゃんのり弁
2009	10	31	里山
2009	10	31	夏時間の庭
2009	11	7	キャラメル
2009	11	14	今度の日曜日に
2009	11	14	あの日、欲望の大地で
2009	11	14	白夜（2009）
2009	11	14	クヒオ大佐
2009	11	21	犬と猫と人間と
2009	11	21	バオバブの記憶
2009	11	28	正義のゆくえ
2009	11	28	戦場でワルツを
2009	11	28	キャデラック・レコード
2009	12	5	クララ・シューマン　愛の協奏曲

公開年	月	日	タイトル
2009	12	5	人生に乾杯！
2009	12	12	母なる証明
2009	12	12	こまねこのクリスマス
2009	12	19	ポー川のひかり
2009	12	19	未来の食卓
2009	12	19	アライブ　-生還者-
2009	12	19	HIGH WATER
2009	12	19	アンヴィル！夢を諦めきれない男たち
2009	12	19	THE　PRESENT
2009	12	26	大洗にも星はふるなり
2009	12	26	パイレーツ・ロック
2009	12	26	ファイティング・シェフ
2010	1		母なる証明
2010	1		ポー川のひかり
2010	1		大洗にも星はふるなり
2010	1		パイレーツ・ロック
2010	1		ファイティング・シェフ
2010	1	2	その木戸を通って
2010	1	2	アラビアのロレンス　完全版
2010	1	9	リミッツ・オブ・コントロール
2010	1	9	キッチン　3人のレシピ
2010	1	9	クリーン
2010	1	16	ミツバチのささやき
2010	1	16	エル・スール
2010	1	16	悪夢のエレベーター
2010	1	16	ドキュメンタリー頭脳警察（3部作）

公開年	月	日	タイトル
2010	1	23	ジャック・メスリーヌ　Part1 ノワール編／Part2 ルージュ編
2010	1	23	ジェイン・オースティン　秘められた恋
2010	1	23	バグダッド・カフェ
2010	1	23	汚れた血
2010	1	30	パリ・オペラ座のすべて
2010	1	30	銀色の雨
2010	1	30	パンドラの匣
2010	2	6	ジュリー&ジュリア
2010	2	6	アンナと過ごした4日間
2010	2	6	フローズン・リバー
2010	2	13	シャネル&ストラヴィンスキー
2010	2	13	泣きながら生きて
2010	2	13	アバンチュールはパリで
2010	2	13	ミッシェル・ガン・エレファント“THEE MOVIE”-LAST HEAVEN 031011-
2010	2	20	無防備
2010	2	20	脳内ニューヨーク
2010	2	20	ゲーム☆アクション
2010	2	27	牛の鈴音
2010	2	27	ディア・ドクター
2010	2	27	（500）日のサマー
2010	2	27	ヴィヨンの妻　～桜桃とタンポポ～
2010	2	27	愛を読むひと
2010	2	27	愛のむきだし
2010	3	6	ミレニアム　ドラゴン・タトゥーの女

公開年	月	日	タイトル
2010	11	27	ミレニアム2　火と戯れる女
2010	11	27	ミレニアム3　眠れる女と狂卓の騎士
2010	3	6	マザー・テレサと生きる
2010	3	11	マザー・テレサとその世界
2010	3	11	マザー・テレサの祈り　生命それは愛
2010	3	13	マザー・テレサの遺言
2010	3	14	母なることの由来
2010	3	15	母なるひとの言葉
2010	3	16	すばらしいことを神さまのために
2010	3	13	未来の食卓
2010	3	20	カティンの森
2010	3	20	海角七号　君想う、国境の南
2010	3	20	あがた森魚ややデラックス
2010	3	27	ベジャール、そしてバレエはつづく
2010	3	27	50歳の恋愛白書
2010	4	3	悲しみよりもっと悲しい物語（2009）
2010	4	3	作戦　THE SCAM
2010	4	3	地下鉄のザジ
2010	4	10	密約　外務省機密漏洩事件
2010	4	10	ソフィーの復讐
2010	4	10	赤と黒
2010	4	10	アニエスの浜辺
2010	4	10	霜花店　運命、その愛
2010	4	17	スイートリトルライズ
2010	4	17	パチャママの贈りもの
2010	4	24	海の沈黙

公開年	月	日	タイトル
2010	4	24	ヴィクトリア女王　世紀の愛
2010	4	24	抵抗　死刑囚の手記より
2010	4	24	フィリップ、きみを愛してる！
2010	5	1	ハート・ロッカー
2010	5	8	きみに微笑む雨
2010	5	8	ユキとニナ
2010	5	8	ニューヨーク，アイラブユー
2010	5	8	暖簾
2010	5	15	不毛地帯
2010	5	22	女系家族
2010	5	29	白い巨塔
2010	5	15	ランデブー！
2010	5	22	クロッシング（2008）
2010	5	22	獄に咲く花
2010	5	22	半分の月がのぼる空
2010	5	22	川の底からこんにちは
2010	5	29	黄金花　-秘すれば花、死すれば蝶-
2010	5	29	ずっとあなたを愛してる
2010	5	30	いのちの食べかた
2010	5	29	華鬼　第一部　華鬼×神無編／第二部　麗二×もえぎ編／第三部　響×桃子編
2010	6	5	武士道シックスティーン
2010	6	5	ビルマVJ　消された革命
2010	6	5	ルドandクルシ
2010	6	12	倫敦から来た男
2010	6	12	千年の祈り

公開年	月	日	タイトル
2010	6	12	音楽人　ONGAKU-BITO
2010	6	19	手のひらの幸せ
2010	6	19	息もできない
2010	6	19	ただいま　それぞれの居場所
2010	6	19	月に囚われた男
2010	6	26	アンを探して　LOOKING FOR ANNE
2010	6	26	君と歩こう
2010	6	26	戦闘少女　血の鉄仮面伝説
2010	7	3	台北に舞う雪
2010	7	3	8½
2010	7	3	カケラ
2010	7	3	鉄男　THE BULLET MAN
2010	7	3	鉄男
2010	7	7	BULLET BALLET　プレミアバージョン
2010	7	10	オーケストラ！
2010	7	10	17歳の肖像
2010	7	17	精神
2010	7	17	シーサイドモーテル
2010	7	17	ケンタとジュンとカヨちゃんの国
2010	7	24	エレキの若大将
2010	7	24	ユリ子のアロマ
2010	7	31	クレイジー・ハート
2010	7	31	ねこタクシー
2010	8	7	春との旅
2010	8	7	小さな命が呼ぶとき
2010	8	7	急げ！若者

公開年	月	日	タイトル
2010	8	14	キャタピラー
2010	8	14	ローラーガールズ・ダイアリー
2010	8	21	ガールフレンド・エクスペリエンス
2010	8	28	ザ・コーヴ
2010	8	28	トロッコ
2010	8	28	Bubble／バブル
2010	9	4	ACACIA
2010	9	4	イエローキッド
2010	9	11	ドン・ジョヴァンニ　天才劇作家とモーツァルトの出会い
2010	9	11	ネコを探して
2010	9	11	ちょんまげぷりん
2010	9	18	さんかく
2010	9	18	ウディ・アレンの夢と犯罪
2010	9	25	アルゼンチンタンゴ　伝説のマエストロたち
2010	9	25	樺太１９４５年夏　氷雪の門
2010	9	25	ストーンズ・イン・エグザイル～「メイン・ストリートのならず者」の真実～
2010	10	2	幸福の黄色いハンカチ
2010	10	2	ザ・ロード
2010	10	2	イエロー・ハンカチーフ
2010	10	2	ＢＯＸ 袴田事件　命とは
2010	10	9	小さな村の小さなダンサー
2010	10	9	あの夏の子供たち
2010	10	16	ルンバ！
2010	10	16	アイスバーグ！

公開年	月	日	タイトル
2010	10	16	老人と海　ディレクターズカット版（2010）
2010	10	23	終着駅　トルストイ最後の旅
2010	10	23	瞳の奥の秘密
2010	10	30	彼とわたしの漂流日記
2010	10	30	ミックマック
2010	10	30	七瀬ふたたび
2010	10	30	七瀬ふたたび　プロローグ
2010	11	6	恋するナポリタン　世界で一番おいしい愛され方
2010	11	6	エル・トポ
2010	11	13	おにいちゃんのハナビ
2010	11	13	シルビアのいる街で
2010	11	13	遠くの空
2010	11	13	ANPO
2010	11	13	フェアウェル　さらば哀しみのスパイ
2010	11	13	ソウルパワー
2010	11	13	名前のない女たち
2010	11	20	グッドモーニング・プレジデント
2010	11	20	闇の列車、光の旅
2010	11	20	シングルマン
2010	11	20	ドアーズ／まぼろしの世界
2010	11	27	はんなり
2010	11	27	ハロルドとモード　少年は虹を渡る
2010	12	4	バード・シット
2010	12	4	シスタースマイル　ドミニクの歌
2010	12	4	ブライト・スター　いちばん美しい恋の詩

公開年	月	日	タイトル
2010	12	4	京都太秦物語
2010	12	11	ぼくのエリ　200歳の少女
2010	12	11	ボローニャの夕暮れ
2010	12	11	ヤギと男と男と壁と
2010	12	18	ノーウェアボーイ　ひとりぼっちのあいつ
2010	12	18	シークレット
2010	12	18	ゾンビランド
2010	12	25	彼女が消えた浜辺
2010	12	25	リミット
2011	1		ノーウェアボーイ　ひとりぼっちのあいつ
2011	1		彼女が消えた浜辺
2011	1		リミット
2011	1	1	リトル・ランボーズ
2011	1	1	キック・アス
2011	1	8	セラフィーヌの庭
2011	1	8	超強台風
2011	1	15	華麗なるアリバイ
2011	1	15	その街のこども　劇場版
2011	1	15	乱暴と待機
2011	1	22	酔いがさめたら、うちに帰ろう。
2011	1	22	メッセージ　そして、愛が残る
2011	1	22	デザート・フラワー
2011	1	29	隠された日記　母たち、娘たち
2011	1	29	黒く濁る村
2011	1	29	照和　My Little Town KAI BAND
2011	2	5	玄牝

公開年	月	日	タイトル
2011	2	5	ヘヴンズストーリー
2011	2	5	約束の葡萄畑　あるワイン醸造家の物語
2011	2	12	洋菓子店コアンドル
2011	2	12	義兄弟
2011	2	19	大地の詩　留岡幸助物語
2011	2	19	うまれる
2011	2	26	冬の小鳥
2011	2	26	ベンダ・ビリリ！～もう一つのキンシャサの奇跡～
2011	2	26	極悪レミー
2011	3	5	死刑台のエレベーター
2011	3	5	ハーモニー　心をつなぐ歌
2011	3	5	442　日系部隊　アメリカ史上最強の陸軍
2011	3	12	ハーブ&ドロシー　アートの森の小さな巨人
2011	3	12	海炭市叙景
2011	3	12	Ricky リッキー
2011	3	12	裁判長！ここは懲役4年でどうすか
2011	3	19	白いリボン
2011	3	19	信さん　炭坑町のセレナーデ
2011	3	19	エクスペリメント
2011	3	26	戦火の中へ
2011	3	26	ヤコブへの手紙
2011	3	26	アブラクサスの祭
2011	3	26	わたしを離さないで
2011	4	2	しあわせの雨傘
2011	4	2	ストーン

公開年	月	日	タイトル
2011	4	9	エリックを探して
2011	4	16	人生万歳!
2011	4	16	シチリア!シチリア!
2011	4	23	まほろ駅前多田便利軒
2011	4	23	7級公務員
2011	4	23	バスキアのすべて
2011	4	30	ソウル・キッチン
2011	4	30	冷たい熱帯魚
2011	4	30	たまの映画
2011	5	7	津軽百年食堂
2011	5	7	レイチェル・カーソンの感性の森
2011	5	14	台北の朝、僕は恋をする
2011	5	14	アンチクライスト
2011	5	14	ばかもの
2011	5	14	YOYOCHU SEXと代々木忠の世界
2011	5	21	婚前特急
2011	5	21	ダンシング・チャップリン
2011	5	28	神々と男たち
2011	5	28	クレアモントホテル
2011	6	4	亡命
2011	6	4	軽蔑(2011)
2011	6	4	180°SOUTH
2011	6	11	勝手にしやがれ
2011	6	11	気狂いピエロ
2011	6	11	100,000年後の安全
2011	6	11	ファンタスティックMr.FOX

公開年	月	日	タイトル
2011	6	18	キッズ・オールライト
2011	6	18	英国王のスピーチ
2011	6	18	ゴダール・ソシアリスム
2011	6	18	劇場版　神聖かまってちゃん　ロックンロールは鳴り止まないっ
2011	6	25	ナンネル・モーツァルト　哀しみの旅路
2011	6	25	生き残るための3つの取引
2011	6	25	堀川中立売
2011	7	2	ショパン　愛と哀しみの旋律
2011	7	2	黒い雨
2011	7	2	ナチス、偽りの楽園　ハリウッドに行かなかった天才
2011	7	2	トスカーナの贋作
2011	7	9	死にゆく妻との旅路
2011	7	9	サラエボ、希望の街角
2011	7	9	大木家のたのしい旅行　新婚地獄篇
2011	7	9	メアリー&マックス
2011	7	16	君を想って海をゆく
2011	7	16	キラー・インサイド・ミー
2011	7	16	コネコノキモチ
2011	7	16	アバター
2011	7	23	Peace
2011	7	23	蜂蜜
2011	7	23	戦火のナージャ
2011	7	30	マーラー　君に捧げるアダージョ
2011	7	30	キミとボク

公開年	月	日	タイトル
2011	8	6	あなたの初恋探します
2011	8	6	二重被爆　語り部山口彊の遺言
2011	8	6	再会の食卓
2011	8	6	悲しみのミルク
2011	8	13	一枚のハガキ
2011	8	13	四つのいのち
2011	8	13	ヤバい経済学
2011	8	20	赤い靴
2011	8	20	インサイド・ジョブ　世界不況の知られざる真実
2011	8	20	富江　アンリミテッド
2011	8	27	孫文の義士団
2011	8	27	クロエ（2009）
2011	9	3	アリス・クリードの失踪
2011	9	3	BIUTIFUL ビューティフル　（2010）
2011	9	10	光のほうへ
2011	9	10	テンペスト
2011	9	10	ふゆの獣
2011	9	17	木洩れ日の家で
2011	9	17	処刑剣　14BLADES
2011	9	17	ザ・ローリング・ストーンズ　レッツ・スペンド・ザ・ナイト・トゥゲザー
2011	9	17	ピンク・スバル
2011	9	17	ムカデ人間
2011	9	24	チョン・ウチ　時空道士
2011	9	24	あぜ道のダンディ

公開年	月	日	タイトル
2011	9	24	レッド・バロン
2011	10	1	チェルノブイリ・ハート
2011	10	1	愛の勝利を　ムッソリーニを愛した女
2011	10	1	乱反射
2011	10	1	スノーフレーク
2011	10	8	イヴ・サンローラン
2011	10	8	エッセンシャル・キリング
2011	10	8	あしたが消える　-どうして原発？-
2011	10	8	イグジット・スルー・ザ・ギフトショップ
2011	10	8	ゲット・ラウド　ジ・エッジ、ジミー・ペイジ、ジャック・ホワイト×ライフ×ギター
2011	10	15	リメンバー・ミー（2010）
2011	10	15	ハンナ
2011	10	22	未来を生きる君たちへ
2011	10	22	いのちの子ども
2011	10	22	水曜日のエミリア
2011	10	29	ちいさな哲学者たち
2011	10	29	レジェンド・オブ・フィスト　怒りの鉄拳
2011	10	29	ショージとタカオ
2011	11	5	サンザシの樹の下で
2011	11	5	海洋天堂
2011	11	5	黄色い星の子供たち
2011	11	5	エイリアン・ビキニの侵略
2011	11	12	ホームランが聞こえた夏
2011	11	12	ミスター・ノーバディ
2011	11	12	スコット・ピルグリムVS邪悪な元カレ軍団

公開年	月	日	タイトル
2011	11	19	エンディングノート
2011	11	19	ハウスメイド
2011	11	19	朱花の月
2011	11	19	ホワイト
2011	11	26	人生、ここにあり！
2011	11	26	アザー・ガイズ　俺たち踊るハイパー刑事！
2011	12	3	夏の終止符
2011	12	3	唇を閉ざせ
2011	12	3	ハッピー・ゴー・ラッキー
2011	12	4	恋愛社会学のススメ
2011	12	4	キナタイ　-マニラ・アンダーグラウンド-
2011	12	5	終わりなき叫び
2011	12	5	宇宙飛行士の医者
2011	12	6	我らが愛にゆれる時
2011	12	7	中国娘
2011	12	10	沈黙の春を生きて
2011	12	10	ゴーストライター
2011	12	10	レイン・オブ・アサシン
2011	12	10	クイック!!
2011	12	10	アジアの純真
2011	12	17	女と銃と荒野の麺屋
2011	12	17	バビロンの陽光
2011	12	23	恋の罪
2011	12	24	幸せパズル
2011	12	24	宇宙人ポール
2011	12	31	グレン・グールド　天才ピアニストの愛と孤独

公開年	月	日	タイトル
2012	1		エンディングノート
2012	1		ゴーストライター
2012	1		恋の罪
2012	1		幸せパズル
2012	1		宇宙人ポール
2012	1		グレン・グールド　天才ピアニストの愛と孤独
2012	1	7	明りを灯す人
2012	1	7	プッチーニの愛人
2012	1	7	指輪をはめたい
2012	1	7	サヴァイヴィングライフ　-夢は第二の人生-
2012	1	7	ホーボー・ウィズ・ショットガン
2012	1	14	孔子の教え
2012	1	14	カンパニー・メン
2012	1	14	エル・ブリの秘密　世界一予約のとれないレストラン
2012	1	21	あしたのパスタはアルデンテ
2012	1	21	ラビット・ホール
2012	1	21	シャッフル
2012	1	28	ハラがコレなんで
2012	1	28	ゲーテの恋　～君に捧ぐ「若きウェルテルの悩み」～
2012	1	28	CUT
2012	2	4	幕末太陽傳
2012	2	4	ゴモラ
2012	2	4	ミラル
2012	2	4	トーキョードリフター

公開年	月	日	タイトル
2012	2	11	ウィンターズ・ボーン
2012	2	11	家族の庭
2012	2	18	運命の子
2012	2	18	やがて来たる者へ
2012	2	18	永遠の僕たち
2012	2	18	ミステイクン
2012	2	25	ブリューゲルの動く絵
2012	2	25	善き人
2012	2	25	マイブリッジの糸
2012	2	25	東京／モントリオール～マイブリッジの糸　制作風景
2012	2	25	カノン
2012	2	25	心象風景
2012	2	25	ビーズゲーム
2012	2	25	技
2012	2	25	ワイルドライフ
2012	2	25	Fig（無花果）
2012	2	25	こどもの形而上学
2012	3	3	クリスマスのその夜に
2012	3	3	デビルズ・ダブル　-ある影武者の物語-
2012	3	3	灼熱の魂
2012	3	10	ロンドン・ブルバード　-LAST BODYGUARD-
2012	3	10	東京プレイボーイクラブ
2012	3	10	メランコリア
2012	3	10	テイカーズ
2012	3	17	サラの鍵

公開年	月	日	タイトル
2012	3	17	ひまわり
2012	3	17	いちご白書
2012	3	24	マリリン　7日間の恋
2012	3	24	無言歌
2012	3	24	マメシバ一郎
2012	3	24	トロール・ハンター
2012	3	31	白夜行　～白い闇の中を歩く～
2012	3	31	51　世界で一番小さく生まれたパンダ
2012	4	7	アーティスト
2012	4	7	痛み
2012	4	14	三国志英傑伝　関羽
2012	4	14	ピナ・バウシュ　夢の教室
2012	4	21	レイトオータム
2012	4	21	汽車はふたたび故郷へ
2012	4	21	グッド・ドクター　禁断のカルテ
2012	4	28	ブライズ・メイズ　史上最悪のウェディングプラン
2012	5	3	おとなのけんか
2012	5	5	鬼に訊け　宮大工　西岡常一の遺言
2012	5	12	ベニスに死す
2012	5	12	セイジ　陸の魚
2012	5	19	超能力者
2012	5	19	ウタヒメ　彼女たちのスモーク・オン・ザ・ウォーター
2012	5	19	王朝の陰謀　判事ディーと人体発火怪奇事件
2012	5	19	海燕ホテル・ブルー

公開年	月	日	タイトル
2012	5	26	少年と自転車
2012	5	26	KOTOKO
2012	6	2	11・25自決の日　三島由紀夫と若者たち
2012	6	2	ポエトリー　アグネスの詩
2012	6	9	別離
2012	6	9	アリラン
2012	6	16	青い塩
2012	6	16	アニマル・キングダム
2012	6	23	マシンガン・プリーチャー
2012	6	23	SHAME -シェイム-
2012	6	23	セットアップ
2012	6	30	フラメンコ・フラメンコ
2012	6	30	私が、生きる肌
2012	6	30	最高の人生をあなたと
2012	6	30	孤島の王
2012	6	30	愛妻物語
2012	6	30	第五福竜丸
2012	7	7	裸の島
2012	7	14	午後の遺言状
2012	7	14	一枚のハガキ
2012	7	7	昼下がり、ローマの恋
2012	7	7	サニー　永遠の仲間たち
2012	7	14	アンネの追憶
2012	7	14	捜査官X
2012	7	14	ルート・アイリッシュ
2012	7	14	ヴィダル・サスーン

公開年	月	日	タイトル
2012	7	21	裏切りのサーカス
2012	7	21	決闘の大地で
2012	7	28	世界最古の洞窟壁画35ｍｍ　忘れられた夢の記憶
2012	7	28	ブラック・ブレッド
2012	7	28	ル・アーヴルの靴みがき
2012	7	28	私たちの時代
2012	8	4	新しき土
2012	8	4	人生はビギナーズ
2012	8	4	アタック・ザ・ブロック
2012	8	4	ムカデ人間2
2012	8	11	ロボット　完全版
2012	8	11	マクダルのカンフーようちえん
2012	8	11	いわさきちひろ　～27歳の旅立ち～
2012	8	11	きっと、ここが帰る場所
2012	8	11	コナン・ザ・バーバリアン
2012	8	18	ワン・デイ　23年のラブストーリー
2012	8	18	フェイシズ
2012	8	25	かぞくのくに
2012	8	25	ジェーン・エア（2011）
2012	8	25	ルルドの泉で
2012	8	25	ビースト・ストーカー／証人
2012	9	1	霧の中の風景
2012	9	15	こうのとり、たちずさんで
2012	10	6	ユリシーズの瞳
2012	10	13	永遠と一日

公開年	月	日	タイトル
2012	9	1	バッド・ティーチャー
2012	9	1	クーリエ　-過去を運ぶ男-
2012	9	8	The Lady アウンサンスーチー引き裂かれた愛
2012	9	8	ムサン日記～白い犬
2012	9	8	プンサンケ
2012	9	15	レオナルド・ダ・ヴィンチ展 in シアター
2012	9	15	ミッドナイト・イン・パリ
2012	9	15	ベティ・ブルー　愛と激情の日々
2012	9	22	ニッポンの嘘　報道写真家　福島菊次郎90歳
2012	9	22	クレイジーホース・パリ　夜の宝石たち
2012	9	22	オレンジと太陽
2012	9	22	ニーチェの馬
2012	9	29	青いソラ白い雲
2012	9	29	friends after 3・11【劇場版】
2012	10	6	星の旅人たち
2012	10	6	ピアノマニア
2012	10	6	ローマ法王の休日
2012	10	13	人生、いろどり
2012	10	13	画皮　あやかしの恋
2012	10	13	[劇場版] ライバル伝説　光と影
2012	10	20	ぼくたちのムッシュ・ラザール
2012	10	20	トガニ　幼き瞳の告発
2012	10	20	テイク・ディス・ワルツ
2012	10	20	ゴッド・ブレス・アメリカ
2012	10	27	キリマンジャロの雪
2012	10	27	セブン・デイズ・イン・ハバナ

公開年	月	日	タイトル
2012	11	3	ファウスト（2011）
2012	11	3	バレエに生きる　～パリ・オペラ座のふたり～
2012	11	3	屋根裏部屋のマリアたち
2012	11	3	愛の残像
2012	11	3	灼熱の肌
2012	11	3	ボブ・マーリー　ルーツ・オブ・レジェンド
2012	11	10	ウエスト・サイド物語
2012	11	10	あの日 あの時 愛の記憶
2012	11	10	ベイビーズ　いのちのちから
2012	11	17	昼下りの情事
2012	11	17	高地戦
2012	11	17	演劇1・2
2012	11	17	汚れた心
2012	11	24	ジュリア
2012	11	24	隣る人
2012	11	24	アニメ師・杉井ギサブロー
2012	11	24	HICK ルリ 13歳の旅
2012	12	1	旅の贈りもの　明日へ
2012	12	1	それでも、愛してる
2012	12	1	凍える牙
2012	12	1	コッホ先生と僕らの革命
2012	12	1	死刑弁護人
2012	12	1	ミヒャエル
2012	12	1	フィッシュ・タンク
2012	12	1	気狂いピエロの決闘
2012	12	2	イル・ディーヴォ　-魔王と呼ばれた男-

公開年	月	日	タイトル
2012	12	2	ムースの隠遁
2012	12	3	我らの生活
2012	12	3	時の重なる女
2012	12	4	俺の笛を聞け
2012	12	8	モンサントの不自然な食べもの
2012	12	8	最強のふたり
2012	12	8	危険なメソッド
2012	12	8	わたしたちの宣戦布告
2012	12	8	赤い季節
2012	12	8	籠の中の乙女
2012	12	15	ジョルダーニ家の人々
2012	12	15	モンスターズクラブ
2012	12	15	I'M FLASH！
2012	12	22	希望の国
2012	12	22	理想の出産
2012	12	22	100万回生きたねこ
2012	12	22	だれもがクジラを愛してる。
2012	12	22	ヒミズ
2012	12	29	チキンとプラム　あるバイオリン弾き、最後の夢
2013	1		最強のふたり
2013	1		希望の国
2013	1		100万回生きたねこ
2013	1		チキンとプラム　あるバイオリン弾き、最後の夢
2013	1	5	ファースト・ポジション　夢に向かって踊れ！

公開年	月	日	タイトル
2013	1	5	映画と恋とウディ・アレン
2013	1	5	プリズナー・オブ・パワー
2013	1	5	恋に至る病
2013	1	12	声をかくす人
2013	1	12	桃さんのしあわせ
2013	1	12	情熱のピアニズム
2013	1	19	恋のロンドン狂騒曲
2013	1	26	アルバート氏の人生
2013	1	26	みんなで一緒に暮らしたら
2013	1	26	その夜の侍
2013	1	26	マリー・アントワネットに別れをつげて
2013	2	2	アルマジロ
2013	2	2	R-18文学賞vol.1 自縄自縛の私
2013	2	9	7日間の恋人
2013	2	9	マメシバ一郎　フーテンの芝二郎
2013	2	9	かぞくのくに
2013	2	9	グッモーエビアン！
2013	2	9	ふがいない僕は空を見た
2013	2	9	桐島、部活やめるってよ
2013	2	9	ユニバーサル・ソルジャー　殺戮の黙示録
2013	2	16	王になった男
2013	2	23	砂漠でサーモン・フィッシング
2013	2	23	明日の空の向こうに
2013	2	23	ハード・ソルジャー　炎の奪還
2013	3	2	塀の中のジュリアス・シーザー
2013	3	2	秋のソナタ

公開年	月	日	タイトル
2013	3	2	デッド寿司
2013	3	9	愛、アムール
2013	3	9	スケッチ・オブ・ミャーク
2013	3	16	ソハの地下水道
2013	3	16	リターン・トゥ・ベース
2013	3	16	おだやかな日常
2013	3	16	ミロクローゼ
2013	3	16	ロンドンゾンビ紀行
2013	3	23	二つの祖国で　日系陸軍情報部
2013	3	23	最初の人間
2013	3	23	シェフ!～三ツ星レストランの舞台裏へようこそ～
2013	3	23	フリーランサー　NY捜査線
2013	3	30	カラカラ
2013	3	30	ファイヤー・ウィズ・ファイヤー　炎の誓い
2013	3	30	その後のふたり
2013	4	6	千年の愉楽
2013	4	6	故郷よ
2013	4	6	生き抜く　南三陸町　人々の一年
2013	4	6	15歳、アルマの恋愛妄想
2013	4	6	さまよう獣
2013	4	13	マリーゴールドホテルで会いましょう
2013	4	13	愛について、ある土曜日の面会室
2013	4	13	隣人　ネクストドア
2013	4	20	東ベルリンから来た女
2013	4	20	もうひとりのシェイクスピア

公開年	月	日	タイトル
2013	4	27	アンナ・カレーニナ（2012）
2013	4	27	みなさん、さようなら（2013）
2013	5	4	天のしずく　辰巳芳子“いのちのスープ”
2013	5	4	カミハテ商店
2013	5	4	逃走車
2013	5	4	チャイルドコール　呼声
2013	5	11	ハハハ
2013	5	11	教授とわたし、そして映画
2013	5	18	次の朝は他人
2013	5	18	よく知りもしないくせに
2013	5	11	父をめぐる旅　異才の日本画家・中村正義の生涯
2013	5	11	奪命金
2013	5	11	悪魔の毒々モンスター　ノーカット無修正完全版
2013	5	18	チキン・オブ・ザ・デッド　悪魔の毒々バリューセット
2013	5	18	ロイヤル・アフェア　愛と欲望の王宮
2013	5	18	ダイアナ・ヴリーランド　伝説のファッショニスタ
2013	5	18	ジャーニー／ドント・ストップ・ビリーヴィン
2013	5	25	ハッシュパピー　バスタブ島の少女
2013	5	25	約束　名張毒ぶどう酒事件　死刑囚の生涯
2013	5	25	シュガーマン　奇跡に愛された男
2013	6	1	二郎は鮨の夢を見る
2013	6	1	ペタル ダンス
2013	6	1	コズモポリス

公開年	月	日	タイトル
2013	6	8	いのちがいちばん輝く日 -あるホスピス病棟の40日-
2013	6	8	よみがえりのレシピ
2013	6	8	孤独な天使たち
2013	6	8	ウィ・アンド・アイ
2013	6	15	カルテット！人生のオペラハウス
2013	6	15	サンゴレンジャー
2013	6	15	ビル・カニンガム&ニューヨーク
2013	6	22	天使の分け前
2013	6	22	容疑者X　天才数学者のアリバイ
2013	6	29	旅立ちの島唄　～十五の春～
2013	6	29	俺俺
2013	7	6	ヒッチコック
2013	7	6	私のオオカミ少年
2013	7	13	八月の鯨
2013	7	13	めめめのくらげ
2013	7	20	先祖になる
2013	7	20	犬と猫と人間と2　動物たちの大震災
2013	7	20	ザ・マスター
2013	7	20	スプリング・ブレイカーズ
2013	7	27	殺人の告白
2013	7	27	嘆きのピエタ
2013	7	27	ドリフト
2013	8	3	コン・ティキ
2013	8	3	スタンリーのお弁当箱
2013	8	3	きっと、うまくいく

公開年	月	日	タイトル
2013	8	10	セデック・バレ　第一部　太陽旗／第二部　虹の橋
2013	8	10	ふたりのイームズ　建築家チャールズと画家レイ
2013	8	17	タイガー　伝説のスパイ
2013	8	17	黒部の太陽　ノーカット完全版
2013	8	17	欲望のバージニア
2013	8	17	モンスター（2013）
2013	8	24	闇の帝王DON　ベルリン強奪作戦
2013	8	24	選挙2
2013	8	24	アイアン・フィスト
2013	8	24	アンチヴァイラル
2013	8	31	命をつなぐバイオリン
2013	8	31	命ある限り
2013	8	31	3人のアンヌ
2013	8	31	愛さえあれば
2013	9	7	禁じられた遊び
2013	9	7	魔女と呼ばれた少女
2013	9	7	さよなら渓谷
2013	9	7	戦争と一人の女
2013	9	14	卒業
2013	9	14	31年目の夫婦げんか
2013	9	14	わすれない　ふくしま
2013	9	14	ホーリー・モーターズ
2013	9	14	たとえば檸檬
2013	9	21	007／危機一発　（ロシアより愛をこめて）

公開年	月	日	タイトル
2013	9	21	ウォーム・ボディーズ
2013	9	21	タイピスト！
2013	9	21	キャリー
2013	9	28	パパの木
2013	9	28	ヒステリア
2013	9	28	黒いスーツを着た男
2013	10	5	ベニシアさんの四季の庭
2013	10	5	あの頃、君を追いかけた
2013	10	5	イノセント・ガーデン
2013	10	5	美輪明宏ドキュメンタリー～黒蜥蜴を探して～
2013	10	12	黒蜥蜴
2013	10	12	台湾アイデンティティー
2013	10	12	クロワッサンで朝食を
2013	10	12	私が靴を愛するワケ
2013	10	19	共喰い
2013	10	19	マジック・マイク
2013	10	19	バーニー　みんなが愛した殺人者
2013	10	19	ティファニーで朝食を
2013	10	26	パリの恋人
2013	11	2	麗しのサブリナ
2013	10	26	トゥ・ザ・ワンダー
2013	10	26	シャニダールの花
2013	11	2	大統領の料理人
2013	11	2	ペーパーボーイ　真夏の引力
2013	11	3	自分の事ばかりで情けなくなるよ
2013	11	9	四十九日のレシピ

公開年	月	日	タイトル
2013	11	9	タイガーマスク
2013	11	16	ペコロスの母に会いに行く
2013	11	23	マリリン・モンロー　瞳の中の秘密
2013	11	23	僕が星になるまえに
2013	11	23	ポルトガル、ここに誕生す　ギマランイス歴史地区
2013	11	30	日本の悲劇
2013	11	30	椿姫ができるまで
2013	11	30	ザ・タワー　超高層ビル大火災
2013	11	30	オーガストウォーズ
2013	12	7	ダイアナ
2013	12	7	月の下まで
2013	12	7	ニューヨーク、恋人たちの2日間
2013	12	7	オン・ザ・ロード
2013	12	7	野いちご
2013	12	14	第七の封印
2013	12	21	処女の泉
2013	12	14	もうひとりの息子
2013	12	14	飛べ！ダコタ
2013	12	14	ブリングリング
2013	12	21	もらとりあむタマ子
2013	12	21	トランス
2013	12	28	マッキー
2013	12	28	蠢動
2013	12	28	恋するリベラーチェ
2014	1		もらとりあむタマ子

公開年	月	日	タイトル
2014	1		トランス
2014	1		マッキー
2014	1		蠢動
2014	1		恋するリベラーチェ
2014	1	4	シェルブールの雨傘
2014	1	11	暗くなるまでこの恋を
2014	1	18	恋のマノン
2014	1	4	いとしきエブリデイ
2014	1	4	トラブゾン狂騒曲　小さな村の大きなゴミ騒動
2014	1	4	フィルス
2014	1	11	楽隊のうさぎ
2014	1	11	ジ、エクストリーム、スキヤキ
2014	1	11	ウォールフラワー
2014	1	18	ビフォア・ミッドナイト
2014	1	18	熱波
2014	1	25	ハンナ・アーレント
2014	1	25	標的の村
2014	1	25	ふたりのアトリエ　～ある彫刻家とモデル
2014	1	25	今日子と修一の場合
2014	1	25	武器人間
2014	1	25	ザ・ストーン・ローゼズ　メイド・オブ・ストーン
2014	1	29	ポリス　サヴァイヴィング・ザ・ポリス
2014	2	1	皇帝と公爵
2014	2	1	ペコロスの母に会いに行く
2014	2	1	オンリー・ラヴァーズ・レフト・アライヴ

公開年	月	日	タイトル
2014	2	8	鑑定士と顔のない依頼人
2014	2	8	マイヤーリング
2014	2	15	鉄くず拾いの物語
2014	2	15	神さまがくれた娘
2014	2	15	ファッションを創る男　カール・ラガーフェルド
2014	2	15	キューティー&ボクサー
2014	2	22	リヴ&イングマール　ある愛の風景
2014	2	22	少女は自転車にのって
2014	2	22	ムード・インディゴ　うたかたの日々
2014	3	1	ムード・インディゴ　うたかたの日々　ディレクターズ・カット版
2014	3	1	僕がジョンと呼ばれるまで
2014	3	1	ファイアbyルブタン
2014	3	1	遥かなる勝利へ
2014	3	8	最後の晩餐
2014	3	8	天心
2014	3	8	母の身終い
2014	3	8	寫眞館
2014	3	8	陽なたのアオシグレ
2014	3	8	わたしはロランス
2014	3	15	東京に来たばかり
2014	3	15	アイム・ソー・エキサイテッド!
2014	3	15	KILLERS/キラーズ
2014	3	15	ROOM237
2014	3	15	泥棒成金

公開年	月	日	タイトル
2014	3	22	めまい
2014	3	29	マーニー
2014	3	21	ウォルト・ディズニーの約束
2014	3	22	メイジーの瞳
2014	3	29	家路（2014）
2014	3	29	フラッシュバックメモリーズ3D
2014	4	5	北朝鮮強制収容所に生まれて
2014	4	5	大統領の執事の涙
2014	4	5	オーバー・ザ・ブルースカイ
2014	4	5	グランドピアノ　狙われた黒鍵
2014	4	12	エヴァの告白
2014	4	19	和ちゃんとオレ
2014	4	19	新しき世界
2014	4	19	アクト・オブ・キリング
2014	4	19	ブランカニエベス
2014	4	26	東京難民
2014	4	26	ワールズ・エンド　酔っぱらいが世界を救う！
2014	4	26	ラヴレース
2014	5	3	ある過去の行方
2014	5	3	コーヒーをめぐる冒険
2014	5	10	はじまりは5つ星ホテルから
2014	5	10	ブルージャスミン
2014	5	10	チスル
2014	5	17	父は家元
2014	5	17	ドストエフスキーと愛に生きる
2014	5	17	そこのみにて光輝く
2014	5	17	絶狼　ZERO BLACK BLOOD 白の章／黒の章
2014	5	24	マンデラ　-自由への長い道-
2014	5	24	ワレサ　連帯の男
2014	5	24	ファイ　悪魔に育てられた少年
2014	5	31	フォンターナ広場　イタリアの陰謀
2014	5	31	それでも夜は明ける
2014	6	7	チョコレートドーナツ
2014	6	7	ネブラスカ　ふたつの心をつなぐ旅
2014	6	7	ダブリンの時計職人
2014	6	14	8月の家族たち
2014	6	21	レイルウェイ　運命の旅路
2014	6	21	父の秘密
2014	6	28	罪の手ざわり
2014	6	28	ワンチャンス
2014	6	28	ダーク・ブラッド
2014	7	12	アメリカンレガシー
2014	7	12	マイ・プライベート・アイダホ
2014	7	5	観相師
2014	7	5	ヴィオレッタ
2014	7	12	ラスト・ベガス
2014	7	12	闇のあとの光
2014	7	19	野のなななのか
2014	7	19	世界の果ての通学路
2014	7	19	インサイド・ルーウィン・デイヴィス　名もなき男の歌

公開年	月	日	タイトル
2014	7	26	マダム・イン・ニューヨーク
2014	7	26	ホドロフスキーのDUNE
2014	7	26	ワンダー・フル!!
2014	7	29	変態アニメーションナイト2014
2014	8	2	陸軍登戸研究所
2014	8	2	パガニーニ　愛と狂気のヴァイオリニスト
2014	8	2	人生はマラソンだ!
2014	8	2	革命の子どもたち
2014	8	2	リアリティのダンス
2014	8	9	her 世界でひとつの彼女
2014	8	9	私の、息子
2014	8	9	サード・パーソン
2014	8	16	みつばちの大地
2014	8	16	プリズナーズ
2014	8	16	マドモアゼルC　ファッションに愛されたミューズ
2014	8	16	捨てがたき人々
2014	8	23	なまいきチョルベンと水夫さん
2014	8	23	2つ目の窓
2014	8	23	美しい絵の崩壊
2014	8	30	ビヨンド・ザ・エッジ　歴史を変えたエベレスト初登頂
2014	8	30	神宮希林　わたしの神様
2014	8	30	ジゴロ・イン・ニューヨーク
2014	9	6	パークランド　ケネディ暗殺、真実の4日間
2014	9	6	朽ちた手押し車

公開年	月	日	タイトル
2014	9	6	収容病棟
2014	9	6	クィーン・オブ・ベルサイユ　大富豪の華麗なる転落
2014	9	6	渇き。
2014	9	13	南風
2014	9	13	めぐり逢わせのお弁当
2014	9	13	リヴァイアサン
2014	9	13	ドライブイン蒲生
2014	9	13	ライズ・オブ・シードラゴン　謎の鉄の爪
2014	9	20	がじまる食堂の恋
2014	9	27	サンシャイン　歌声が響く街
2014	9	27	マルティニークからの祈り
2014	9	27	記憶探偵と鍵のかかった少女
2014	9	27	テロ,ライブ
2014	10	4	グレート・ビューティー　追憶のローマ
2014	10	4	郊遊〈ピクニック〉
2014	10	11	ぶどうのなみだ
2014	10	11	プロミスト・ランド
2014	10	11	消えた画　クメール・ルージュの真実
2014	10	18	イヴ・サンローラン
2014	10	18	ローマの教室で　~我らの佳き日々~
2014	10	25	グレート デイズ!　-夢に挑んだ父と子-
2014	10	25	イーダ
2014	10	25	So Young　~過ぎ去りし青春に捧ぐ~
2014	11	1	マダム・マロリーと魔法のスパイス
2014	11	1	ローマ環状線、めぐりゆく人生たち

公開年	月	日	タイトル
2014	11	8	花宵道中
2014	11	8	FRANK
2014	11	8	トム・アット・ザ・ファーム
2014	11	15	ぼんとリンちゃん
2014	11	15	静かなる男
2014	11	22	駅馬車
2014	11	22	リスボンに誘われて
2014	11	22	NO
2014	11	22	物語る私たち
2014	11	29	大いなる沈黙へ　グランド・シャルトルーズ修道院
2014	11	29	サスペクト　哀しき容疑者
2014	11	29	ジェラシー
2014	11	29	ザ・ヘラクレス
2014	12	6	100歳の華麗なる冒険
2014	12	6	ウィークエンドはパリで
2014	12	13	聖者たちの食卓
2014	12	13	悪童日記
2014	12	13	フランシス・ハ
2014	12	13	不機嫌なママにメルシィ！
2014	12	20	アルゲリッチ　私こそ、音楽！
2014	12	20	天才スピヴェット
2014	12	27	毛皮のヴィーナス
2014	12	27	マルタのことづけ
2015	1		アルゲリッチ　私こそ、音楽！
2015	1		天才スピヴェット

公開年	月	日	タイトル
2015	1		毛皮のヴィーナス
2015	1		マルタのことづけ
2015	1	3	ジプシー・フラメンコ
2015	1	3	バツイチは恋のはじまり
2015	1	3	ぼくを探しに
2015	1	10	レッド・ファミリー
2015	1	10	馬々と人間たち
2015	1	10	0・5ミリ
2015	1	17	サン・オブ・ゴッド
2015	1	17	ポイントブランク　～標的にされた男～
2015	1	17	365日のシンプルライフ
2015	1	24	王の涙　-イ・サンの決断-
2015	1	24	ニンフォマニアック
2015	1	31	泣く男
2015	1	31	バルフィ！人生に唄えば
2015	1	31	嗤う分身
2015	1	31	欲動
2015	2	7	幸せのありか
2015	2	7	幻肢
2015	2	7	ニューヨークの巴里夫
2015	2	7	ふたつの祖国、ひとつの愛　-イ・ジュンソプの妻-
2015	2	7	百円の恋
2015	2	7	あいときぼうのまち
2015	2	14	うまれる　ずっといっしょ。
2015	2	14	私の恋活ダイアリー

公開年	月	日	タイトル
2015	2	14	サンバ
2015	2	14	太陽の坐る場所
2015	2	14	ジェイソン・ベッカー 不死身の天才ギタリスト
2015	2	21	熊野から
2015	2	21	太秦ライムライト
2015	2	21	デビルズ・ノット
2015	2	21	121212 ニューヨーク、奇跡のライブ
2015	2	28	ジミー、野を駆ける伝説
2015	2	28	自由が丘で
2015	2	28	ソニはご機嫌ななめ
2015	2	28	ヘウォンの恋愛日記
2015	3	7	至高のエトワール -パリ・オペラ座に生きて-
2015	3	7	ストックホルムでワルツを
2015	3	7	海を感じる時
2015	3	7	イロイロ ぬくもりの記憶
2015	3	14	おやすみなさいを言いたくて
2015	3	14	白夜のタンゴ
2015	3	14	滝を見にいく
2015	3	14	6才のボクが、大人になるまで。
2015	3	14	そこのみにて光輝く
2015	3	21	さよなら歌舞伎町
2015	3	21	薄氷の殺人
2015	3	21	オオカミは嘘をつく
2015	3	21	ワンダフルワールドエンド

公開年	月	日	タイトル
2015	3	28	おみおくりの作法
2015	3	28	福福荘の福ちゃん
2015	3	28	ミルカ
2015	4	4	繕い裁つ人
2015	4	4	千年の一滴 だし しょうゆ
2015	4	4	パンク・シンドローム
2015	4	11	マジック・イン・ムーンライト
2015	4	11	フォックスキャッチャー
2015	4	18	トレヴィの泉で二度目の恋を
2015	4	25	妻への家路
2015	4	25	みんなのアムステルダム国立美術館へ
2015	4	25	シェフ 三ツ星フードトラック始めました
2015	5	2	ラブストーリーズ コナーの涙
2015	5	2	ラブストーリーズ エリナーの愛情
2015	5	2	スペシャルID 特殊身分
2015	5	9	君に泳げ!
2015	5	9	パリよ、永遠に
2015	5	9	君が生きた証
2015	5	9	ビッグ・アイズ
2015	5	9	女神は二度微笑む
2015	5	16	ナショナル・ギャラリー 英国の至宝
2015	5	16	サムライフ
2015	5	16	シャトーブリアンからの手紙
2015	5	23	陽だまりハウスでマラソンを
2015	5	23	イタリアは呼んでいる
2015	5	23	ラスト5イヤーズ

公開年	月	日	タイトル
2015	5	30	間奏曲はパリで
2015	5	30	ザ・トライブ
2015	5	30	二重生活
2015	6	6	群盗
2015	6	6	愛して飲んで歌って
2015	6	6	グッド・ライ　～いちばん優しい嘘～
2015	6	6	アルプス　天空の交響曲
2015	6	6	白河夜船
2015	6	6	ジミーとジョルジュ　心の欠片を探して
2015	6	6	こっぱみじん
2015	6	13	ディオールと私
2015	6	13	あの日の声を探して
2015	6	20	みんなの学校
2015	6	20	パレードへようこそ
2015	6	20	私の少女
2015	6	20	エレファント・ソング
2015	6	27	きみはいい子
2015	6	27	ブルックリンの恋人たち
2015	7	4	セッション
2015	7	4	アドバンスト・スタイル　そのファッションが、人生
2015	7	4	追憶と、踊りながら
2015	7	11	サンドラの週末
2015	7	11	真夜中のゆりかご
2015	7	18	ターナー、光に愛を求めて
2015	7	18	コングレス未来学会議

公開年	月	日	タイトル
2015	7	25	ピクニック
2015	7	25	国際市場で逢いましょう
2015	7	25	JIMI：栄光への軌跡
2015	7	25	群青色の、とおり道
2015	8	1	グローリー　-明日への行進-
2015	8	1	パプーシャの黒い瞳
2015	8	1	ゼロの未来
2015	8	8	犬どろぼう完全計画
2015	8	8	靴職人と魔法のミシン
2015	8	8	皇帝のために
2015	8	8	シグナル
2015	8	15	戦場ぬ止み
2015	8	15	地球交響曲第八番
2015	8	15	フレンチアルプスで起きたこと
2015	8	15	コープスパーティー
2015	8	15	時計じかけのオレンジ
2015	8	22	バリー・リンドン
2015	8	29	フルメタル・ジャケット
2015	9	5	アイズ ワイド シャット
2015	8	22	画家モリゾ　マネの描いた美女　～名画に隠された秘密
2015	8	22	奇跡のひと　マリーとマルグリット
2015	8	22	騒音
2015	8	22	オン・ザ・ハイウェイ　その夜、86分
2015	8	22	ムカデ人間3
2015	8	29	チャイルド44　森に消えた子供たち

公開年	月	日	タイトル
2015	8	29	野火（2014）
2015	9	5	ジェームズ・ブラウン　最高の魂を持つ男
2015	9	5	チョコリエッタ
2015	9	12	ゆずり葉の頃
2015	9	12	人生スイッチ
2015	9	12	チャップリンからの贈りもの
2015	9	19	しあわせへのまわり道
2015	9	19	サイの季節
2015	9	26	雪の轍
2015	9	26	セバスチャン・サルガド　地球へのラブレター
2015	9	26	奇跡の2000マイル
2015	9	26	虎影
2015	10	3	コンフェッション　友の告白
2015	10	3	あの日のように抱きしめて
2015	10	3	ルンタ
2015	10	10	ラブ&マーシー　終わらないメロディー
2015	10	10	さよなら、人類
2015	10	10	私たちのハァハァ
2015	10	17	彼は秘密の女ともだち
2015	10	17	ナイトクローラー
2015	10	17	涙するまで、生きる
2015	10	24	世界で一番いとしい君へ
2015	10	24	ロマンス
2015	10	24	約束の地
2015	10	24	グッド・ストライプス
2015	10	31	Dearダニー　君へのうた

公開年	月	日	タイトル
2015	10	31	ベルファスト71
2015	10	31	ふたつの名前を持つ少年
2015	10	31	バレエボーイズ
2015	11	7	チャンス商会　～初恋を探して～
2015	11	7	この国の空
2015	11	7	ロバート・アルトマン　ハリウッドに最も嫌われ、そして愛された男
2015	11	7	最後の1本　～ペニス博物館の珍コレクション～
2015	11	14	ぼくらの家路
2015	11	14	マルガリータで乾杯を！
2015	11	14	恋人たち（2015）
2015	11	14	ザ・ヴァンパイア　残酷な牙を持つ少女
2015	11	14	カンフー・ジャングル
2015	11	17	正しく生きる
2015	11	21	ヴェルサイユの宮廷庭師
2015	11	21	カプチーノはお熱いうちに
2015	11	27	黄金のアデーレ　名画の帰還
2015	11	28	ルック・オブ・サイレンス
2015	11	28	共犯
2015	11	28	名もなき塀の中の王
2015	11	28	恐怖分子
2015	12	2	やさしい女
2015	12	5	ヒトラー暗殺、13分の誤算
2015	12	5	1001グラム　ハカリしれない愛のこと
2015	12	5	しあわせはどこにある

公開年	月	日	タイトル
2015	12	5	ラブバトル
2015	12	12	裁かれるは善人のみ
2015	12	19	ボリショイ・バビロン　華麗なるバレエの舞台裏
2015	12	19	ベル&セバスチャン
2015	12	19	海賊じいちゃんの贈りもの
2015	12	19	ピエロがお前を嘲笑う
2015	12	26	夏をゆく人々
2015	12	26	黒衣の刺客
2015	12	26	シャーリー&ヒンダ　ウォール街を出禁になった2人
2016	1		黄金のアデーレ　名画の帰還
2016	1		ヒトラー暗殺、13分の誤算
2016	1		ボリショイ・バビロン　華麗なるバレエの舞台裏
2016	1		ベル&セバスチャン
2016	1		ピエロがお前を嘲笑う
2016	1		夏をゆく人々
2016	1		黒衣の刺客
2016	1		シャーリー&ヒンダ　ウォール街を出禁になった2人
2016	1	2	愛と哀しみのボレロ
2016	1	2	顔のないヒトラーたち
2016	1	2	マイ・ファニー・レディ
2016	1	2	踊るアイラブユー♪
2016	1	2	海のふた

公開年	月	日	タイトル
2016	1	9	シーヴァス　王子様になりたかった少年と負け犬だった闘犬の物語
2016	1	9	ベトナムの風に吹かれて
2016	1	9	ヴィヴィアン・マイヤーを探して
2016	1	9	アメリカン・ドリーマー　理想の代償
2016	1	9	アクトレス～女たちの舞台～
2016	1	16	FOUJITA-フジタ-
2016	1	16	サンローラン
2016	1	23	犬に名前をつける日
2016	1	23	徘徊　ママリン87歳の夏
2016	1	23	みんなのための資本論
2016	1	23	TOKYO CITY GIRL
2016	1	30	フランス組曲
2016	1	30	ホワイト・ゴッド　少女と犬の狂詩曲
2016	2	6	ディーン、君がいた瞬間
2016	2	6	ベテラン
2016	2	13	完全なるチェックメイト
2016	2	13	独裁者と小さな孫
2016	2	20	パリ3区の遺産相続人
2016	2	20	ヨアンナ
2016	2	20	わたしたちの呪縛
2016	2	21	裏面
2016	2	22	エヴァは眠りたい
2016	2	20	ロパートキナ　孤高の白鳥
2016	2	20	9つの窓
2016	2	23	ボーダレス　ぼくの船の国境線

公開年	月	日	タイトル
2016	2	27	消えた声が、その名を呼ぶ
2016	2	27	俳優　亀岡拓次
2016	2	27	ヴィオレット　ある作家の肖像
2016	2	27	ヤクザと憲法
2016	2	27	殺されたミンジュ
2016	3	5	ニューヨーク　眺めのいい部屋売ります
2016	3	5	ひつじ村の兄弟
2016	3	5	サウルの息子
2016	3	5	愛しき人生のつくりかた
2016	3	12	最愛の子
2016	3	12	氷の花火　山口小夜子
2016	3	12	クリムゾン・ピーク
2016	3	19	幸せをつかむ歌
2016	3	19	ディーパンの闘い
2016	3	26	無伴奏
2016	3	26	不屈の男　アンブロークン
2016	4	2	探偵なふたり
2016	4	2	ジョーのあした　辰吉丈一郎との20年
2016	4	2	ビューティー・インサイド
2016	4	3	ムーン・ウォーカーズ
2016	4	9	99分，世界美味めぐり
2016	4	9	クーパー家の晩餐会
2016	4	9	ローマに消えた男
2016	4	15	スポットライト　世紀のスクープ
2016	4	16	シェル・コレクター
2016	4	16	LIVE！LOVE！SING！　生きて愛して歌うこと

公開年	月	日	タイトル
2016	4	23	あの頃エッフェル塔の下で
2016	4	23	さようなら
2016	4	23	断食芸人
2016	4	30	ルーム
2016	4	30	Mr.ホームズ　名探偵最後の事件
2016	5	7	ドリームホーム　99％を操る男たち
2016	5	7	アンジェリカの微笑み
2016	5	14	ネコのお葬式
2016	5	14	牡蠣工場
2016	5	14	ロイヤル・コンセルトヘボウ　オーケストラがやって来る
2016	5	14	ライチ☆光クラブ
2016	5	21	見えない目撃者
2016	5	21	キャロル
2016	5	21	アイリス・アプフェル！94歳のニューヨーカー
2016	5	21	コップ・カー
2016	5	28	グランドフィナーレ
2016	5	28	マジカル・ガール
2016	6	4	うつくしいひと
2016	6	4	さざなみ
2016	6	4	これが私の人生設計
2016	6	4	永遠のヨギー　ヨガをめぐる奇跡の旅
2016	6	11	背徳の王宮
2016	6	11	ノーマ、世界を変える料理
2016	6	11	シェーン
2016	6	11	父を探して

公開年	月	日	タイトル
2016	6	18	あまくない砂糖の話
2016	6	18	FAKE
2016	6	18	ミラクル・ニール！
2016	6	18	火の山のマリア
2016	6	18	美術館を手玉にとった男
2016	6	25	山河ノスタルジア
2016	6	25	最高の花婿
2016	6	25	太陽（2016）
2016	7	2	君がくれたグッドライフ
2016	7	2	セトウツミ
2016	7	2	孤独のススメ
2016	7	2	ヴィクトリア
2016	7	9	クワイ河に虹をかけた男
2016	7	9	団地
2016	7	9	シチズンフォー　スノーデンの暴露
2016	7	9	裸足の季節
2016	7	16	ロイヤル・ナイト　英国王女の秘密の外出
2016	7	16	バベットの晩餐会
2016	7	16	花、香る歌
2016	7	23	教授のおかしな妄想殺人
2016	7	23	或る終焉
2016	7	23	マイケル・ムーアの世界侵略のススメ
2016	7	23	すれ違いのダイアリーズ
2016	7	23	マンガ肉と僕
2016	7	30	帰ってきたヒトラー
2016	7	30	ロブスター

公開年	月	日	タイトル
2016	7	30	マンガをはみだした男　赤塚不二夫
2016	8	6	素敵なサプライズ〈ブリュッセルの奇妙な代理店〉
2016	8	6	カルテル・ランド
2016	8	6	少女椿
2016	8	7	バット・オンリー・ラヴ
2016	8	13	疑惑のチャンピオン
2016	8	13	手をつないでかえろうよ～シャングリラの向こうで～
2016	8	13	ケンとカズ
2016	8	20	ヒマラヤ　地上8,000メートルの絆
2016	8	20	ハイ・ライズ
2016	8	20	シング・ストリート　未来へのうた
2016	8	27	ブルックリン
2016	8	27	いしぶみ
2016	8	27	蜜のあわれ
2016	9	3	王の運命　-歴史を変えた八日間-
2016	9	3	生きうつしのプリマ
2016	9	3	葛城事件
2016	9	10	太陽の蓋
2016	9	10	エイミー（2015）
2016	9	17	トランボ　ハリウッドに最も嫌われた男
2016	9	17	木靴の樹
2016	9	17	ファブリックの女王
2016	9	17	ハロルドが笑う その日まで
2016	9	24	緑はよみがえる

公開年	月	日	タイトル
2016	9	24	つむぐもの
2016	9	24	ロング・トレイル！
2016	9	24	レジェンド　狂気の美学
2016	9	24	ディストラクション・ベイビーズ
2016	10	1	健さん
2016	10	1	イングリッド・バーグマン～愛に生きた女優～
2016	10	1	ストリート・オーケストラ
2016	10	1	好きにならずにいられない
2016	10	1	KARATE KILL カラテ・キル
2016	10	8	ラスト・タンゴ
2016	10	8	リトル・ボーイ　小さなボクと戦争
2016	10	8	山猫
2016	10	15	ルートヴィヒ
2016	10	15	歌声にのった少年
2016	10	15	コロニア
2016	10	17	カンパイ！世界が恋する日本酒
2016	10	22	種まく旅人　夢のつぎ木
2016	10	22	白い帽子の女
2016	10	22	太陽のめざめ
2016	10	29	暗殺
2016	10	29	栄光のランナー　1936ベルリン
2016	11	5	めぐりあう日
2016	11	5	ニュースの真相
2016	11	5	パコ・デ・ルシア　灼熱のギタリスト
2016	11	5	ある天文学者の恋文
2016	11	12	オーバー・フェンス

公開年	月	日	タイトル
2016	11	19	エミアビのはじまりとはじまり
2016	11	19	ベストセラー　編集者パーキンズに捧ぐ
2016	11	26	だれかの木琴
2016	11	26	グッバイ、サマー
2016	11	26	ミモザの島に消えた母
2016	12	3	ジュリエッタ
2016	12	3	奇跡の教室　受け継ぐ者たちへ
2016	12	3	ダゲレオタイプの女
2016	12	3	ジャニス　リトル・ガール・ブルー
2016	12	10	奇蹟がくれた数式
2016	12	10	シークレット・アイズ
2016	12	10	アンナとアントワーヌ　愛の前奏曲
2016	12	10	ペイ・ザ・ゴースト　ハロウィンの生贄
2016	12	17	ティファニー　ニューヨーク五番街の秘密
2016	12	17	92歳のパリジェンヌ
2016	12	17	あなた、その川を渡らないで
2016	12	17	イレブン・ミニッツ
2016	12	17	函館珈琲
2016	12	24	ミス・シェパードをお手本に
2016	12	24	誰のせいでもない
2016	12	24	ホドロフスキーの虹泥棒
2016	12	31	神様の思し召し
2016	12	31	世界の果てまでヒャッハー！
2016	12	31	男と女
2016	12	31	ランデヴー
2016	12	31	マダム・フローレンス！夢見るふたり

公開年	月	日	タイトル
2017	1		92歳のパリジェンヌ
2017	1		ミス・シェパードをお手本に
2017	1		誰のせいでもない
2017	1		神様の思し召し
2017	1		世界の果てまでヒャッハー！
2017	1		男と女
2017	1		ランデヴー
2017	1		マダム・フローレンス！夢見るふたり
2017	1	7	ザ・ギフト
2017	1	7	人間の値打ち
2017	1	7	アスファルト
2017	1	7	人魚姫（2016）
2017	1	7	VRミッション：25
2017	1	14	アルジェの戦い　オリジナル言語版
2017	1	14	MILES AHEAD　マイルス・デイヴィス空白の5年間
2017	1	14	ハンズ・オブ・ラヴ　手のひらの勇気
2017	1	14	みかんの丘
2017	1	14	狂い咲きサンダーロード
2017	1	14	雨にゆれる女
2017	1	21	ハッピーログイン
2017	1	21	ミルピエ～パリ・オペラ座に挑んだ男～
2017	1	21	ソング・オブ・ラホール
2017	1	21	とうもろこしの島
2017	1	21	ラサへの歩き方
2017	1	21	マックス・スティール

公開年	月	日	タイトル
2017	1	28	シーモアさんと、大人のための人生入門
2017	1	28	弁護人
2017	1	28	ヒッチコック／トリュフォー
2017	1	28	湾生回家
2017	1	28	カノン（2016）
2017	1	28	ある戦争
2017	1	28	ソング・オブ・ザ・シー　海のうた
2017	2	4	ミラノ・スカラ座　魅惑の神殿
2017	2	4	幸せなひとりぼっち
2017	2	4	エル・クラン
2017	2	4	エブリバディ・ウォンツ・サム!!世界はボクらの手の中に
2017	2	11	将軍様、あなたのために映画を撮ります
2017	2	11	華麗なるリベンジ
2017	2	11	皆さま、ごきげんよう
2017	2	11	五日物語　-3つの王国と3人の女-
2017	2	11	グレート・ミュージアム　ハプスブルク家からの招待状
2017	2	18	キム・ソンダル　大河を売った詐欺師たち
2017	2	18	ウィーナー　懲りない男の選挙ウォーズ
2017	2	18	ヒトラーの忘れもの
2017	2	18	エゴン・シーレ　死と乙女
2017	2	18	ジムノペディに乱れる
2017	2	25	風に濡れた女
2017	3	18	牝猫たち
2017	3	25	ANTIPORNO

公開年	月	日	タイトル
2017	4	1	ホワイトリリー
2017	2	25	未来を花束にして
2017	2	25	アラビアの女王　愛と宿命の日々
2017	2	25	ジギー・スターダスト
2017	3	4	天使にショパンの歌声を
2017	3	4	人生フルーツ
2017	3	4	ネオン・デーモン
2017	3	4	ドント・ブリーズ
2017	3	11	マギーズ・プラン　幸せのあとしまつ
2017	3	11	若者のすべて
2017	3	16	郵便配達は二度ベルを鳴らす（1942）
2017	3	18	揺れる大地
2017	3	18	ノーマ東京　世界一のレストランが日本にやって来た
2017	3	18	太陽の下で　真実の北朝鮮
2017	3	18	ショコラ　君がいて、僕がいる
2017	3	18	Tomorrow パーマネントライフを探して
2017	3	25	うさぎ追いし　山極勝三郎物語
2017	3	25	こころに剣士を
2017	3	25	MERU［メルー］
2017	3	25	パリ、恋人たちの影
2017	3	31	ジャッキー　ファーストレディ　最後の使命
2017	4	1	海は燃えている　イタリア最南端の小さな島
2017	4	1	たかが世界の終わり
2017	4	7	LION／ライオン　25年目のただいま
2017	4	8	レオナルド・ダ・ヴィンチ　美と知の迷宮

公開年	月	日	タイトル
2017	4	15	わたしは、ダニエル・ブレイク
2017	4	15	ラビング　愛という名前のふたり
2017	4	22	ボヤージュ・オブ・タイム
2017	4	22	The NET 網に囚われた男
2017	4	22	エヴォリューション
2017	4	22	ネクター
2017	4	29	アシュラ
2017	4	29	牯嶺街少年殺人事件
2017	4	29	マン・ダウン　戦士の約束
2017	4	29	フィッシュマンの涙
2017	5	5	カフェ・ソサエティ
2017	5	6	人類遺産
2017	5	6	ぼくと魔法の言葉たち
2017	5	6	フレンチ・ラン
2017	5	13	マイ ビューティフル ガーデン
2017	5	13	東京ウィンドオーケストラ
2017	5	13	汚れたミルク　あるセールスマンの告発
2017	5	13	サラエヴォの銃声
2017	5	13	スモーク
2017	5	13	エイミー、エイミー、エイミー！こじらせシングルライフの抜け出し方
2017	5	20	君のまなざし
2017	5	20	彷徨える河
2017	5	20	モン・ロワ　愛を巡るそれぞれの理由
2017	5	20	ムーンライト
2017	5	20	ストロングマン

公開年	月	日	タイトル
2017	5	20	グリーンルーム
2017	5	27	人生フルーツ
2017	5	27	ターシャ・テューダー　静かな水の物語
2017	5	27	午後8時の訪問者
2017	5	27	僕と世界の方程式
2017	6	3	20センチュリー・ウーマン
2017	6	3	武曲　MUKOKU
2017	6	10	はじまりへの旅
2017	6	10	お嬢さん
2017	6	17	マンチェスター・バイ・ザ・シー
2017	6	17	イップ・マン　継承
2017	6	17	ハロルドとリリアン　ハリウッド・ラブストーリー
2017	6	24	ハクソー・リッジ
2017	6	24	タレンタイム　優しい歌
2017	7	1	僕とカミンスキーの旅
2017	7	1	メットガラ　ドレスをまとった美術館
2017	7	1	人生タクシー
2017	7	1	ブラインド・マッサージ
2017	7	8	トンネル　闇に鎖された男
2017	7	8	雨の日は会えない、晴れた日は君を想う
2017	7	8	あの日、兄貴が灯した光
2017	7	8	ハイヒール　こだわりが生んだおとぎ話
2017	7	15	標的の島　風かたか
2017	7	15	セールスマン
2017	7	15	フリー・ファイヤー

公開年	月	日	タイトル
2017	7	15	PARKS　パークス
2017	7	22	人生フルーツ
2017	7	22	怪物はささやく
2017	7	22	おじいちゃんはデブゴン
2017	7	22	草原の河
2017	7	22	コール・オブ・ヒーローズ／武勇伝
2017	7	22	アリーキャット
2017	7	29	ファウンダー　ハンバーガー帝国のヒミツ
2017	7	29	残像
2017	7	29	皆はこう呼んだ、鋼鉄ジーグ
2017	8	5	ありがとう、トニ・エルドマン
2017	8	5	はらはらなのか。
2017	8	12	結婚
2017	8	12	光をくれた人
2017	8	12	ローマ法王になる日まで
2017	8	12	世界でいちばん美しい村
2017	8	19	海辺の生と死
2017	8	19	ニコラス・ウィントンと669人の子どもたち
2017	8	19	ダイバージェントFINAL
2017	8	26	バーフバリ　伝説誕生
2017	8	26	彼女の人生は間違いじゃない
2017	8	26	幼な子われらに生まれ
2017	8	26	おとなの恋の測り方
2017	9	2	ボン・ボヤージュ　～家族旅行は大暴走～
2017	9	2	グッバイエレジー
2017	9	9	美しい星

公開年	月	日	タイトル
2017	9	9	ヒトラーへの285枚の葉書
2017	9	9	ナインイレヴン　運命を分けた日
2017	9	9	エルミタージュ美術館　美を守る宮殿
2017	9	9	世界でいちばんのイチゴミルクのつくり方
2017	9	16	パリ・オペラ座　～夢を継ぐ者たち～
2017	9	16	夜明けの祈り
2017	9	16	ボンジュール、アン
2017	9	23	ハイジ　アルプスの物語
2017	9	23	パターソン
2017	9	23	スウィート17モンスター
2017	9	30	ビニー／信じる男
2017	9	30	パリが愛した写真家　ロベール・ドアノー〈永遠の3秒〉
2017	10	7	ソウル・ステーション／パンデミック
2017	9	30	ダイ・ビューティフル
2017	9	30	ウンベルトD
2017	9	30	暗殺の森
2017	10	1	わが青春のフロレンス
2017	10	1	ロベレ将軍
2017	10	2	狂った夜
2017	10	3	愛の果てへの旅
2017	10	3	気ままな情事
2017	10	5	汚れなき抱擁
2017	10	5	三月生れ
2017	10	6	エルネスト　もう一人のゲバラ
2017	10	7	エル　ELLE

公開年	月	日	タイトル
2017	10	14	ローサは密告された
2017	10	14	ダンサー、セルゲイ・ポルーニン　世界一優雅な野獣
2017	10	14	パーソナル・ショッパー
2017	10	21	地の塩　山室軍平
2017	10	21	夜間もやってる保育園
2017	10	21	少女ファニーと運命の旅
2017	10	21	娘よ
2017	10	21	君はひとりじゃない
2017	10	28	ハイドリヒを撃て！「ナチの野獣」暗殺作戦
2017	10	28	ブランカとギター弾き
2017	10	28	未来よ　こんにちは
2017	10	28	新 感染　ファイナルエクスプレス
2017	11	4	静かなる情熱　エミリ・ディキンスン
2017	11	4	わたしたち
2017	11	4	50年後のボクたちは
2017	11	4	百日告別
2017	11	4	ギミー・デンジャー
2017	11	11	米軍が最も恐れた男　その名は、カメジロー
2017	11	11	エタニティ　永遠の花たちへ
2017	11	11	ギフト　僕がきみに残せるもの
2017	11	11	パッション・フラメンコ
2017	11	11	パーフェクト・レボリューション
2017	11	11	サクロモンテの丘　ロマの洞窟フラメンコ
2017	11	11	THE LIMIT OF SLEEPING BEAUTY
2017	11	11	ぼくらの亡命

公開年	月	日	タイトル
2017	11	15	貌斬り　KAOKIRI　戯曲「スタニスラフスキー探偵団」より
2017	11	18	KUBO／クボ　二本の弦の秘密
2017	11	18	あさがくるまえに
2017	11	18	あしたは最高のはじまり
2017	11	18	セブン・シスターズ
2017	11	25	ラスト・プリンセス　大韓帝国最後の皇女
2017	11	25	あなた、そこにいてくれますか
2017	11	25	ジュリーと恋と靴工場
2017	11	25	いつも心はジャイアント
2017	11	25	グッド・タイム
2017	12	2	セザンヌと過ごした時間
2017	12	2	愛を綴る女
2017	12	2	第3の愛
2017	12	2	リングサイド・ストーリー
2017	12	2	エンドレス・ポエトリー
2017	12	9	婚約者の友人
2017	12	9	ワン・デイ　悲しみが消えるまで
2017	12	9	南瓜とマヨネーズ
2017	12	9	台北ストーリー
2017	12	16	台湾萬歳
2017	12	16	女神の見えざる手
2017	12	16	オン・ザ・ミルキー・ロード
2017	12	16	密偵
2017	12	23	きっと、いい日が待っている
2017	12	23	否定と肯定

公開年	月	日	タイトル
2017	12	23	すばらしき映画音楽たち
2017	12	30	ル・コルビュジェとアイリーン　追憶のヴィラ
2017	12	30	しあわせな人生の選択
2017	12	30	ノクターナル・アニマルズ
2017	12	30	リュミエール！
2018	1		女神の見えざる手
2018	1		否定と肯定
2018	1		ル・コルビュジェとアイリーン　追憶のヴィラ
2018	1		しあわせな人生の選択
2018	1		ノクターナル・アニマルズ
2018	1		リュミエール！
2018	1	6	猫が教えてくれたこと
2018	1	6	Ryuichi Sakamoto: CODA
2018	1	6	人生はシネマティック！
2018	1	6	ブルーム・オブ・イエスタディ
2018	1	6	KUBO／クボ　二本の弦の秘密
2018	1	13	ロダン　カミーユと永遠のアトリエ
2018	1	13	パーティで女の子に話しかけるには
2018	1	20	ボブという名の猫　幸せのハイタッチ
2018	1	20	新世紀、パリ・オペラ座
2018	1	20	光（2017）
2018	1	20	全員死刑
2018	1	26	デトロイト
2018	2	3	はじまりの街
2018	2	3	甘き人生
2018	2	3	ルージュの手紙

公開年	月	日	タイトル
2018	2	3	サーミの血
2018	2	3	坂本龍一　PERFORMANCE IN NEW YORK : async
2018	2	3	シンクロナイズドモンスター
2018	2	10	彼女が目覚めるその日まで
2018	2	10	バーフバリ　王の凱旋
2018	2	10	悪魔祓い、聖なる儀式
2018	2	17	永遠のジャンゴ
2018	2	17	嘘八百
2018	2	17	ダンシング・ベートーヴェン
2018	2	17	オレの獲物はビンラディン
2018	2	24	立ち去った女
2018	2	24	希望のかなた
2018	3	3	花筐／HANAGATAMI
2018	3	3	スキャンダル
2018	3	3	ベロニカとの記憶
2018	3	3	ライオンは今夜死ぬ
2018	3	3	J：ビヨンド・フラメンコ
2018	3	3	灼熱
2018	3	7	ハートストーン
2018	3	10	ロング，ロングバケーション
2018	3	10	わたしは、幸福
2018	3	10	星くず兄弟の新たな伝説
2018	3	17	5パーセントの奇跡～嘘から始まる素敵な人生～
2018	3	17	ロープ　戦場の生命線

公開年	月	日	タイトル
2018	3	17	素敵なダイナマイトスキャンダル
2018	3	17	ゆれる人魚
2018	3	24	はじまりのボーイミーツガール
2018	3	24	ナチュラルウーマン
2018	3	31	ルイの9番目の人生
2018	3	31	はじめてのおもてなし
2018	4	7	ビッグ・シック　ぼくたちの大いなる目ざめ
2018	4	7	ハッピーエンド
2018	4	7	謎の天才画家　ヒエロニムス・ボス
2018	4	7	ぼくの名前はズッキーニ
2018	4	14	プラハのモーツァルト　誘惑のマスカレード
2018	4	14	ローズの秘密の頁
2018	4	21	港町
2018	4	21	アルビノの木
2018	4	21	影の軍隊
2018	4	21	仁義
2018	4	22	賭博師ボブ
2018	4	22	モラン神父
2018	4	24	いぬ
2018	4	26	海の沈黙
2018	4	26	ある道化師の24時間
2018	4	25	笑う101歳×2　笹本恒子　むのたけじ
2018	4	28	ウィンストン・チャーチル　ヒトラーから世界を救った男
2018	4	28	ザ・スクエア　思いやりの聖域

公開年	月	日	タイトル
2018	5	5	しあわせの絵の具　愛を描く人　モード・ルイス
2018	5	5	サバービコン　仮面を被った街
2018	5	12	ワンダーストラック
2018	5	12	馬を放つ
2018	5	12	ユダヤ人を救った動物園　アントニーナが愛した命
2018	5	19	ダンガル　きっと、つよくなる
2018	5	19	52Hzのラヴソング
2018	5	26	コンフィデンシャル／共助
2018	5	26	ウイスキーと2人の花嫁
2018	5	26	アバウト・レイ　16歳の決断
2018	5	26	女は二度決断する
2018	6	2	たまゆら
2018	6	2	さよなら、僕のマンハッタン
2018	6	2	大英博物館プレゼンツ　北斎
2018	6	2	犬猿
2018	6	2	星空
2018	6	9	ジャコメッティ　最後の肖像
2018	6	9	生きる街
2018	6	9	ラッキー
2018	6	9	悪と仮面のルール
2018	6	9	ニワトリ★スター
2018	6	9	バーフバリ　伝説誕生
2018	6	16	バケツと僕！
2018	6	16	蝶の眠り

公開年	月	日	タイトル
2018	6	16	バーフバリ　王の凱旋　完全版
2018	6	16	マノロ・ブラニク　トカゲに靴を作った少年
2018	6	16	ダークサイド
2018	6	23	女と男の観覧車
2018	6	23	ドリス・ヴァン・ノッテン　ファブリックと花を愛する男
2018	6	23	早春
2018	6	30	追想（1975）
2018	6	30	海を駆ける
2018	6	30	YARN　人生を彩る糸
2018	6	30	苦い銭
2018	6	30	ザ・キング
2018	6	30	ポルト
2018	7	7	長江　愛の詩
2018	7	7	ファントム・スレッド
2018	7	7	四月の永い夢
2018	7	7	戦争のはらわた
2018	7	7	イカリエ-XB1
2018	7	14	危険な関係
2018	7	14	祝福～オラとニコデムの家～
2018	7	14	ロンドン、人生はじめます
2018	7	14	BPM ビート・パー・ミニット
2018	7	21	ミッドナイト・バス
2018	7	21	ゲッベルスと私
2018	7	21	マルクス・エンゲルス
2018	7	21	ダリダ　あまい囁き

公開年	月	日	タイトル
2018	7	21	フェリーニに恋して
2018	7	28	ニッポン国VS泉南石綿村
2018	7	28	天命の城
2018	7	28	軍中楽園
2018	7	28	目撃者　闇の中の瞳
2018	7	28	アウトサイダーズ
2018	8	4	花咲くころ
2018	8	4	フジコ・ヘミングの時間
2018	8	4	女の一生（2016）
2018	8	4	ラッカは静かに虐殺されている
2018	8	4	きみへの距離、1万キロ
2018	8	4	スパイナル・タップ
2018	8	4	キスできる餃子
2018	8	4	ゴースト・ストーリーズ　英国幽霊奇談
2018	8	11	私はあなたのニグロではない
2018	8	11	ザ・ビッグハウス
2018	8	11	いつだってやめられる　10人の怒れる教授たち
2018	8	11	いつだってやめられる　7人の危ない教授たち
2018	11	17	いつだってやめられる　闘う名誉教授たち
2018	8	11	オー・ルーシー！
2018	8	11	ラジオ・コバニ
2018	8	16	カーキ色の記憶
2018	8	18	男と女、モントーク岬で
2018	8	18	志乃ちゃんは自分の名前が言えない
2018	8	18	ガザの美容室
2018	8	18	子どもが教えてくれたこと

公開年	月	日	タイトル
2018	8	18	告白小説、その結末
2018	8	18	シューマンズ バーブック
2018	8	18	ラスト・ワルツ
2018	8	25	グッバイ、ゴダール！
2018	8	25	沖縄スパイ戦史
2018	8	25	ブリグズビー・ベア
2018	8	25	クジラの島の忘れもの
2018	8	25	ストリート オブ ファイヤー
2018	9	1	ウインド・リバー
2018	9	1	返還交渉人
2018	9	1	ブエナ・ビスタ・ソシアル・クラブ★アディオス
2018	9	1	大人のためのグリム童話　手をなくした少女
2018	9	8	殺人者の記憶法
2018	9	8	仮面／ペルソナ
2018	9	8	魔術師
2018	9	8	鏡の中にある如く
2018	9	8	冬の光
2018	9	8	沈黙（1963）
2018	9	9	叫びとささやき
2018	9	9	野いちご
2018	9	9	ファニーとアレクサンデル
2018	9	10	夏の遊び
2018	9	10	夏の夜は三たび微笑む
2018	9	11	処女の泉
2018	9	11	秋のソナタ

公開年	月	日	タイトル
2018	9	11	第七の封印
2018	9	15	ヒトラーを欺いた黄色い星
2018	9	15	スターリンの葬送狂騒曲
2018	9	15	2重螺旋の恋人
2018	9	15	菊とギロチン
2018	9	15	母という名の女
2018	9	15	29歳問題
2018	9	22	追想（2017）
2018	9	22	ばぁちゃんロード
2018	9	22	純平、考え直せ
2018	9	22	ルームロンダリング
2018	9	29	最後のランナー
2018	9	29	寝ても覚めても
2018	9	29	マガディーラ　勇者転生
2018	10	6	判決、ふたつの希望
2018	10	6	7号室
2018	10	6	クリミナル・タウン
2018	10	13	1987、ある闘いの真実
2018	10	13	ラ・チャナ
2018	10	13	ボルグ／マッケンロー　氷の男と炎の男
2018	10	20	運命は踊る
2018	10	20	止められるか、俺たちを
2018	10	27	500ページの夢の束
2018	10	27	きみの鳥はうたえる
2018	10	27	バンクシーを盗んだ男
2018	10	27	極北のナヌーク

公開年	月	日	タイトル
2018	10	28	モアナ　南海の歓喜
2018	11	3	LBJ　ケネディの意志を継いだ男
2018	11	3	輝ける人生
2018	11	3	きらきら眼鏡
2018	11	10	ブレス　しあわせの呼吸
2018	11	10	ヒトラーと戦った22日間
2018	11	10	愛と法
2018	11	10	テルマ
2018	11	17	英国総督　最後の家
2018	11	17	ピース・ニッポン
2018	11	17	タリーと私の秘密の時間
2018	11	17	銃
2018	11	17	聖なる鹿殺し
2018	11	24	アンダー・ザ・シルバーレイク
2018	11	24	チャーチル　ノルマンディーの決断
2018	12	1	ガンジスに還る
2018	12	1	斬、
2018	12	1	バッド・ジーニアス　危険な天才たち
2018	12	8	教誨師
2018	12	8	ライ麦畑で出会ったら
2018	12	8	マイ・プレシャス・リスト
2018	12	15	恋のしずく
2018	12	15	禁じられた遊び
2018	12	15	チューリップ・フィーバー　肖像画に秘めた愛
2018	12	15	遊星からの物体X
2018	12	21	私は、マリア・カラス

公開年	月	日	タイトル
2018	12	22	まぼろしの市街戦
2018	12	22	えちてつ物語　わたし、故郷に帰ってきました。
2018	12	22	黙ってピアノを弾いてくれ
2018	12	22	顔たち、ところどころ
2018	12	22	マンディ　地獄のロード・ウォリアー
2018	12	29	エンジェル、見えない恋人
2018	12	29	ウスケボーイズ
2018	12	29	かごの中の瞳
2018	12	29	アラン・デュカス　宮廷のレストラン
2019	1		私は、マリア・カラス
2019	1		えちてつ物語　わたし、故郷に帰ってきました。
2019	1		エンジェル、見えない恋人
2019	1		ウスケボーイズ
2019	1		かごの中の瞳
2019	1		アラン・デュカス　宮廷のレストラン
2019	1	5	暗殺のオペラ
2019	1	5	鈴木家の嘘
2019	1	5	オーケストラ・クラス
2019	1	5	ファイティン！
2019	1	5	世界で一番ゴッホを描いた男
2019	1	12	いろとりどりの親子
2019	1	12	ぼけますから、よろしくお願いします。
2019	1	12	恐怖の報酬【オリジナル完全版】
2019	1	12	おかえり、ブルゴーニュへ
2019	1	19	夜明け
2019	1	19	メアリーの総て

公開年	月	日	タイトル
2019	1	19	津軽のカマリ
2019	1	19	バーフバリ　伝説誕生　完全版
2019	1	26	アンナ・カレーニナ　ヴロンスキーの物語
2019	1	26	マダムのおかしな晩餐会
2019	1	26	宵闇真珠
2019	1	26	悲しみに、こんにちは
2019	2	2	マチルダ　禁断の恋
2019	2	2	彼が愛したケーキ職人
2019	2	2	セルジオ＆セルゲイ　宇宙からハロー！
2019	2	2	サムライと愚か者　オリンパス事件の全貌
2019	2	9	ぼけますから、よろしくお願いします。
2019	2	9	喜望峰の風に乗せて
2019	2	9	嘘はフィクサーのはじまり
2019	2	9	ムトゥ　踊るマハラジャ
2019	2	16	パッドマン　5億人の女性を救った男
2019	2	16	ヴィヴィアン・ウエストウッド　最強のエレガンス
2019	2	16	共犯者たち
2019	2	16	スパイネーション／自白
2019	2	23	ヴィクトリア女王　最期の秘密
2019	2	23	エリック・クラプトン～12小節の人生～
2019	3	2	バグダッド・スキャンダル
2019	3	2	ヒューマン・フロー／大地漂流
2019	3	2	暁に祈れ
2019	3	2	ニューヨーク、ジャクソンハイツへようこそ
2019	3	2	ナポリの饗宴

公開年	月	日	タイトル
2019	3	2	にがい米
2019	3	3	ゼロ地帯
2019	3	3	イタリア式離婚狂想曲
2019	3	4	太陽の誘惑
2019	3	4	ヘラクレス
2019	3	5	ヘラクレスの逆襲
2019	3	5	暗殺指令
2019	3	8	バルバラ　セーヌの黒いバラ
2019	3	8	家へ帰ろう
2019	3	8	バーニング【劇場版】
2019	3	8	バスキア、10代最後のとき
2019	3	15	天才作家の妻　-40年目の真実-
2019	3	15	ピアソラ　永遠のリベルタンゴ
2019	3	15	ライ麦畑の反逆児　ひとりぼっちのサリンジャー
2019	3	22	葡萄畑に帰ろう
2019	3	22	未来を乗り換えた男
2019	3	22	ビール・ストリートの恋人たち
2019	3	22	ヘレディタリー　継承
2019	3	29	盆唄
2019	3	29	金子文子と朴烈
2019	3	29	サタデーナイト・チャーチ　夢を歌う場所
2019	4	5	バイス
2019	4	5	天国でまた会おう
2019	4	12	輪違屋糸里　京女たちの幕末
2019	4	12	あなたはまだ帰ってこない

公開年	月	日	タイトル
2019	4	12	赤い雪
2019	4	12	サッドヒルを掘り返せ
2019	4	12	シシリアン・ゴースト・ストーリー
2019	4	12	マイ・ジェネレーション　ロンドンをぶっとばせ！
2019	4	19	ふたりの女王　メアリーとエリザベス
2019	4	19	ともしび
2019	4	19	洗骨
2019	4	19	ホイットニー　～オールウェイズ・ラヴ・ユー～
2019	4	26	バジュランギおじさんと、小さな迷子
2019	4	26	マイ・ブックショップ
2019	5	3	リヴァプール、最後の恋
2019	5	3	イップ・マン外伝　マスターZ
2019	5	3	We Margiela マルジェラと私たち
2019	5	3	12か月の未来図
2019	5	3	ザ・バニシング　-消失-
2019	5	10	いつか家族に
2019	5	10	記者たち　衝撃と畏怖の真実
2019	5	10	たちあがる女
2019	5	10	22年目の記憶
2019	5	10	ハイ・ライフ
2019	5	17	ずぶぬれて犬ころ
2019	5	17	ある少年の告白
2019	5	17	ちいさな独裁者
2019	5	24	荒野にて

公開年	月	日	タイトル
2019	5	24	マックイーン　モードの反逆児
2019	5	24	サンセット
2019	5	24	ジュリアン
2019	5	31	山猫　イタリア語・完全復元版
2019	6	4	家族の肖像
2019	5	31	ビリーブ　未来への大逆転
2019	5	31	RBG　最強の85才
2019	6	7	神と共に　第一章：罪と罰／第二章：因と縁
2019	6	7	魂のゆくえ
2019	6	7	ビューティフル・ボーイ
2019	6	7	マローボーン家の掟
2019	6	14	幸福なラザロ
2019	6	14	バハールの涙
2019	6	21	ホワイト・クロウ　伝説のダンサー
2019	6	21	コレット
2019	6	21	氷上の王、ジョン・カリー
2019	6	28	ドント・ウォーリー
2019	6	28	イメージの本
2019	7	5	誰がために憲法はある
2019	7	5	ベン・イズ・バック
2019	7	5	パパは奮闘中！
2019	7	5	僕たちは希望という名の列車に乗った
2019	7	5	ラストタンゴ・イン・パリ
2019	7	12	ザ・クロッシング　Part1　乱世浮生　Part2　彼岸
2019	7	12	誰もがそれを知っている

公開年	月	日	タイトル
2019	7	12	主戦場
2019	7	19	パリ、嘘つきな恋
2019	7	19	アガサ・クリスティー　ねじれた家
2019	7	19	ビル・エヴァンス　タイム・リメンバード
2019	7	26	ずぶぬれて犬ころ
2019	7	26	アマンダと僕
2019	7	26	ニューヨーク公共図書館　エクス・リブリス
2019	7	26	さよなら、退屈なレオニー
2019	7	26	家族にサルーテ！イスキア島は大騒動
2019	8	2	工作　黒金星と呼ばれた男
2019	8	2	COLD WAR あの歌、2つの心
2019	8	2	アナと世界の終わり
2019	8	2	ハーツ・ビート・ラウド　たびだちのうた
2019	8	2	リアム16歳、はじめての学校
2019	8	9	さらば愛しきアウトロー
2019	8	9	ニューヨーク　最高の訳あり物件
2019	8	16	ワイルドライフ
2019	8	16	永遠に僕のもの
2019	8	16	サマーフィーリング
2019	8	23	アンノウン・ソルジャー　英雄なき戦場
2019	8	23	心の故郷　ある湾生の歩んできた道
2019	8	23	シンク・オア・スイム　イチかバチか俺たちの夢
2019	8	23	サンジュ
2019	8	23	ゴーストランドの惨劇
2019	8	30	ゴールデン・リバー

公開年	月	日	タイトル
2019	8	30	嵐電
2019	8	30	存在のない子供たち
2019	9	6	風をつかまえた少年
2019	9	13	北の果ての小さな村で
2019	9	13	パドマーワト　女神の誕生
2019	9	13	パピヨン（2017）
2019	9	13	マルリナの明日
2019	9	13	アイアン・スカイ　第三帝国の逆襲
2019	9	13	メモリーズ・オブ・サマー
2019	9	20	ピータールー　マンチェスターの悲劇
2019	9	20	田園の守り人たち
2019	9	20	ガラスの城の約束
2019	9	20	希望の灯り
2019	9	27	命みじかし、恋せよ乙女
2019	9	27	カーマイン・ストリート・ギター
2019	9	27	カーライル　ニューヨークが恋したホテル
2019	10	4	王様になれ
2019	10	4	クローゼットに閉じこめられた僕の奇想天外な旅
2019	10	4	こはく
2019	10	4	無双の鉄拳
2019	10	5	ナポリの隣人
2019	10	11	アポロ11【完全版】
2019	10	11	東京裁判
2019	10	11	クリムト　エゴン・シーレとウィーン黄金時代
2019	10	11	HOT SUMMER NIGHTS

公開年	月	日	タイトル
2019	10	11	守護教師
2019	10	18	五億円のじんせい
2019	10	18	帰れない二人
2019	10	18	ある船頭の話
2019	10	18	ドッグマン
2019	10	18	KESARI／ケサリ　21人の勇者たち
2019	10	25	あなたの名前を呼べたなら
2019	10	25	火口のふたり
2019	10	25	ガーンジー島の読書会の秘密
2019	10	25	シンクロ・ダンディーズ！
2019	11	1	ホテル・ムンバイ
2019	11	1	アス
2019	11	1	世界の涯ての鼓動
2019	11	8	人生をしまう時間
2019	11	8	米軍が最も恐れた男　カメジロー不屈の生涯
2019	11	8	サマー・オブ・84
2019	11	15	パリの家族たち
2019	11	15	サタンタンゴ
2019	11	15	おしえて！ドクター・ルース
2019	11	22	ブルーアワーにぶっ飛ばす
2019	11	22	エンテベ空港の7日間
2019	11	22	レディ・マエストロ
2019	11	22	ブラインドスポッティング
2019	11	22	ハッピー・デス・デイ
2019	11	22	ハッピー・デス・デイ2U
2019	11	23	リダウト

公開年	月	日	タイトル
2019	11	29	ドキュメンタリー映画　岡本太郎の沖縄
2019	11	29	ボーダー　二つの世界
2019	11	29	エイス・グレード　世界でいちばんクールな私へ
2019	11	29	HOMIE　KEI～チカーノになった日本人～
2019	12	6	残された者　-北の極地-
2019	12	6	リラの門
2019	12	6	巴里祭
2019	12	6	今さら言えない小さな秘密
2019	12	6	CLIMAX
2019	12	6	アンナ
2019	12	6	ある船頭の話
2019	12	13	空中茶室を夢みた男
2019	12	13	ジョアン・ジルベルトを探して
2019	12	13	国家が破産する日
2019	12	13	プライベート・ウォー
2019	12	13	去年マリエンバートで
2019	12	13	さらば青春の光
2019	12	20	ワンス・アポン・ア・タイム・イン・ザ・ウェスト[オリジナル版]
2019	12	20	エセルとアーネスト　ふたりの物語
2019	12	20	マイ・フーリッシュ・ハート
2019	12	20	ライフ・イットセルフ　未来に続く物語
2019	12	20	ホームステイ　ボクと僕の100日間
2019	12	20	ゾンビ[日本初公開復元版]
2019	12	27	ディリリとパリの時間旅行

公開年	月	日	タイトル
2019	12	27	ゴッホとヘレーネの森　クレラー＝ミュラー美術館の至宝
2019	12	27	英雄は嘘がお好き
2019	12	27	KIN／キン
2019	12	27	スーパーティーチャー　熱血格闘
2020	1		ワンス・アポン・ア・タイム・イン・ザ・ウェスト
2020	1		マイ・フーリッシュ・ハート
2020	1		ライフ・イットセルフ　未来に続く物語
2020	1		ホームステイ　ボクと僕の100日間
2020	1		ディリリとパリの時間旅行
2020	1		ゴッホとヘレーネの森　クレラー＝ミュラー美術館の至宝
2020	1		英雄は嘘がお好き
2020	1		KIN／キン
2020	1		スーパーティーチャー　熱血格闘
2020	1	3	EXIT イグジット
2020	1	3	シークレット・スーパースター
2020	1	3	わたしは光をにぎっている
2020	1	10	家族を想うとき
2020	1	10	パラサイト　半地下の家族
2020	1	10	真実[特別編集版]
2020	1	17	夕陽のあと
2020	1	17	ある女優の不在
2020	1	17	死霊の盆踊り
2020	1	21	プラン9・フロム・アウタースペース　総天然色版

公開年	月	日	タイトル
2020	1	24	永遠の門　ゴッホの見た未来
2020	1	24	9人の翻訳家　囚われたベストセラー
2020	1	24	ロボット2.0
2020	1	31	ナイブズ・アウト　名探偵と刃の館の秘密
2020	2	7	私のちいさなお葬式
2020	2	7	象は静かに座っている
2020	2	14	つつんで、ひらいて
2020	2	14	ジョン・デロリアン
2020	2	14	パラダイス・ネクスト
2020	2	21	冬時間のパリ
2020	2	21	リンドグレーン
2020	2	21	読まれなかった小説
2020	2	28	彼らは生きていた
2020	2	28	人生、ただいま修行中
2020	2	28	男と女　人生最良の日々
2020	2	28	トスカーナの幸せレシピ
2020	3	6	さよならテレビ
2020	3	6	ロング・ショット　僕と彼女のありえない恋
2020	3	6	グレタ
2020	3	6	マニカルニカ　ジャーンシーの女王
2020	3	13	第三夫人と髪飾り
2020	3	13	シュヴァルの理想宮　ある郵便配達員の夢
2020	3	13	子どもたちをよろしく
2020	3	20	三島由紀夫vs東大全共闘　50年目の真実
2020	3	20	屋根裏の殺人鬼フリッツ・ホンカ
2020	3	27	母との約束、250通の手紙

公開年	月	日	タイトル
2020	3	27	幸福路のチー
2020	3	27	プリズン・サークル　僕たちがここにいる理由
2020	4	3	わたしは分断を許さない
2020	4	3	グリンゴ　最強の悪運男
2020	4	3	殺人の追憶
2020	4	3	ほえる犬は噛まない
2020	4	10	母なる証明
2020	4	10	スノーピアサー
2020	4	10	レ・ミゼラブル（2019）
2020	4	10	キューブリックに魅せられた男
2020	4	10	キューブリックに愛された男
2020	4	17	娘は戦場で生まれた
2020	4	17	もみの家
2020	4	17	PMC　ザ・バンカー
2020	4	17	人間の時間
2020	4	24	音楽
2020	4	24	サイゴン・クチュール
2020	5	8	ジョン・F・ドノヴァンの死と生
2020	5	8	馬三家からの手紙
2020	5	8	酔うと化け物になる父がつらい
2020	5	8	だれもが愛しいチャンピオン
2020	5	8	LORO　欲望のイタリア
2020	5	15	シェイクスピアの庭
2020	5	15	ナイチンゲール
2020	5	15	白い暴動
2020	5	15	テッド・バンディ

公開年	月	日	タイトル
2020	5	22	最高の花婿 アンコール
2020	5	22	ロニートとエスティ　彼女たちの選択
2020	5	22	在りし日の歌
2020	5	22	ふたりのJ・T・リロイ　ベストセラー作家の裏の裏
2020	5	22	もみの家
2020	5	22	娘は戦場で生まれた
2020	5	29	21世紀の資本
2020	5	29	ソン・ランの響き
2020	5	29	世界でいちばん貧しい大統領　愛と闘争の男、ホセ・ムヒカ
2020	5	29	ハワーズ・エンド
2020	5	29	ロングデイズ・ジャーニー　この夜の涯てへ
2020	5	29	サイゴン・クチュール
2020	6	5	恐竜が教えてくれたこと
2020	6	5	ラスト・ディール　美術商と名前を失くした肖像
2020	6	5	悲しみより、もっと悲しい物語（2018）
2020	6	5	お料理帖　息子に遺す記憶のレシピ
2020	6	5	デッド・ドント・ダイ
2020	6	12	ビッグ・リトル・ファーム　理想の暮らしのつくり方
2020	6	12	色男ホ・セク
2020	6	12	フィッシャーマンズ・ソング　コーンウォールから愛をこめて
2020	6	12	台湾、街かどの人形劇
2020	6	12	ドミノ　復讐の咆哮
2020	6	19	ひまわり
2020	6	19	続・荒野の用心棒
2020	6	19	なぜ君は総理大臣になれないのか
2020	6	19	ホドロフスキーのサイコマジック
2020	6	26	SKIN／スキン
2020	7	3	SKIN［短編］
2020	6	26	盗まれたカラヴァッジョ
2020	6	26	花のあとさき　ムツばあさんの歩いた道
2020	6	26	山中静夫氏の尊厳死
2020	6	26	コロンバス
2020	6	26	音楽
2020	7	3	レイニーデイ・イン・ニューヨーク
2020	7	3	その手に触れるまで
2020	7	10	精神0
2020	7	10	ポップスター
2020	7	17	ペイン・アンド・グローリー
2020	7	17	アドリフト　41日間の漂流
2020	7	24	名もなき生涯
2020	7	24	今宵、212号室で
2020	7	31	一度も撃ってません
2020	7	31	おかあさんの被爆ピアノ

上映作品一覧表応援協力者

伊藤美香／藤井恵子／大倉弥生／遠藤寛子／中村恵美／西田多江／みごなごみ／岡田英恵／山﨑由里佳／珍行優菜／阿部祐香

シネマ・クレール応援団一覧（順不同）

安田久美子／山川隆之／内田真一／石原達也／森山幸治／ayo／H.Y／KANAZAWA Kyoko／kyoko／nanako／Naoko Kawada／pieni.. ／ teresa323 ／ Yoko.T ／yujikinyoue／yuki／えみっち／オオミマイ／お殿／コージー中村／スワキタカトシ／たかはし／なんはいず／のんちゃん／ふじまり／ホントキキトホン／まゆみ／みお／みごなごみ／井手幸一郎／越智輝佳／匿名希望／岡田／角ひろみ／寒川茂高／吉井江里／原明子／後藤孟／後藤弥生／江見優子／高坂博士／細井眞子／三上光之／山崎正之／森長瑶子／水田美由紀／杉山仁志／石原知喜／石田篤史

／石田芳恵／川口達也／村上トモミ／打谷直樹／大塚愛／鄭健剛／鄭燕好（ていえんこう）／島津幸枝／東馬場洋／匿名希望／凪羅／福圓涼子／片山布海子／保科歩美／野呂／有果／aym／沼本真季／R／tiopepe／makoto／ゆつこ／中山美香／畑中祥男／オガワユキヒロ／西村香織／沖田さやか／新谷和輝／河津泉／堀川涼子／ワッシー／村上めぐみ／もりいし／金子泰子／匿名希望／岩藤仁美／大貫かすみ／亀田亜依子／杉浦薫／あや／満田康弘／松原龍之／ピエールいけのうえ／河本祥雄／mawan／澤田望／越智あい／上垣裕司／新美哲彦／藤原峰／佐藤康司／reiko／高橋直己／めめ／T.Kumiko.O／福嶌良司／葛西美保子

著者プロフィル

浜田高夫（はまだ・たかお）

シネマ・クレール支配人

１９４９年（昭和24年）岡山市生まれ。同志社大学卒業。大学卒業後岡山に戻り、サラリーマン生活の傍ら映像文化交流会など自主映画上映活動を経て、１９９４年（平成6年）にシネマ・クレール石関を開館。２００１年（平成13年）にシネマ・クレール丸の内を開館。国内外の良質な映画を提供し続け、２０１７年（平成29年）公益財団法人福武教育文化振興財団の文化奨励賞を受賞。

シネマ・クレール応援団

（しねま・くれーるおうえんだん）

新型コロナウイルスの影響で危機的状況にあったシネマ・クレールを支えようと２０２０年5月に発足。クラウドファンディングでの協力をはじめさまざまな支援を行っている。

https://peraichi.com/landing_pages/view/clair

シネマ・クレール物語
小さな映画館が多くの人に愛されて支えられる理由

2020年12月1日　発行

編著者　浜田高夫＋シネマ・クレール応援団
構成・編集　山川隆之
発　行　吉備人出版
〒700-0823 岡山市北区丸の内2丁目11-22
電話 086-235-3456　ファクス 086-234-3210
ウェブサイト www.kibito.co.jp
メール books@kibito.co.jp
印　刷　株式会社三門印刷所
製　本　株式会社岡山みどり製本

ISBN978-4-86069-633-7　C0074

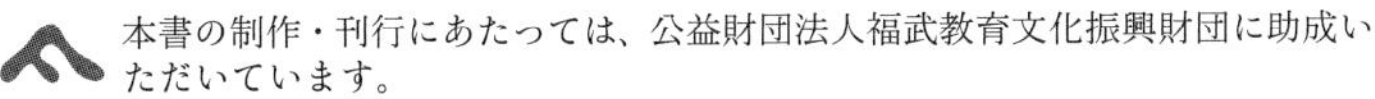

本書の制作・刊行にあたっては、公益財団法人福武教育文化振興財団に助成いただいています。